TOEFL®テスト
大戦略シリーズ Ⅱ

TOEFL ITP®テスト 本番模試 [改訂版]

田中真紀子 監修

JN273350

著者

田中真紀子（たなか まきこ）

神田外語大学外国語学部英米語学科教授。教育学博士。上智大学卒業後、上智大学大学院よりMA（修士号）、カリフォルニア大学サンタバーバラ校よりMA（修士号）、同大学よりPh.D.（博士号）取得。専門は教育学（英語教育、児童英語教育）、応用言語学。これまでに英語学習番組、教材開発および監修、児童英語教員養成・研修など、英語教育の各方面で活躍。TOEFLテスト対策書やアカデミックプレゼンテーションの仕方を解説した*The Essential Guide to Academic Presentations*（マクミランランゲージハウス）、「英語のプレゼンテーション〈スキルアップ術〉」（研究社）など著書多数。NHK教育テレビ3か月トピック英会話「カリフォルニア縦断！シンプル会話術」講師。

※本書は、2012年2月に刊行された『これならわかるTOEFL® ITPテスト 本番模試』を改訂したものです。

はじめに

TOEFL（Test of English as a Foreign Language）テストはアメリカやカナダの大学、大学院に入学を希望する際に受験しなければならない英語能力試験（proficiency test）です。1964年、米国ニュージャージー州に本部を置く世界最大規模のテスト開発・リサーチ機関であるETS（Educational Testing Service）によってペーパー版 TOEFLテスト（Paper-Based Testing: PBT）が開発されて以来、1998年には、コンピュータ版 TOEFLテスト（Computer-Based Testing: CBT）が、そして2005年にはインターネット版 TOEFLテスト（Internet-Based Testing: iBT）が開始され、日本では2006年より、iBTが利用されています。作成機関であるETS（2014）によると、現在130カ国以上の国々で、9,000以上の大学、大学院などの教育機関が受験生の入学の可否や英語力を判断する材料の1つとしてTOEFLを利用しています(*1, 2)。

本書で扱う TOEFL ITP（Institutional Testing Program）テストというのはTOEFLのペーパー版テストを再利用した団体向けのテストです。ETSによると教育機関を中心に、世界47カ国、2,500以上の団体で実施され、受験者数も60万人を超えています。日本では、現在全国で17万人以上が受験し、大学、短期大学や、語学学校、専門学校、企業、官公庁などあわせて500以上の団体、教育機関で、英語のクラス分けや到達度テストとして、また科目の履修条件やプログラムの修了条件として、さらに単位認定や海外留学の選考試験として使われています。日本におけるTOEFL ITPテストの唯一の運営団体であるCIEEによると、TOEFLテストは、PBTから現在のiBTを通じて、テスト相互のスコアに、非常に高い相関性、妥当性があり、0.95以上(*3)という高い信頼性を持つテストとして運用されています(*3)。このことはITPを受けることで、iBTの得点を予測できることを意味します。

本書は、TOEFL ITPテスト初級者のための本です。2回分の模擬試験を通して、必要な知識と英語力をつけられるように配慮してあります。リスニングの内容は大学生活の中でよく耳にするものを中心に、また文法問題は厳選し、文法の基礎知識が身につくように、さらに読解のパッセージは人文社会科学関係、自然科学関係からバランスを考えて、作成してあります。

また別冊の「学習アドバイス」では、第2言語習得研究で言語習得に必要だとされている学習ストラテジー、計画性（目的や目標を設定して計画的に勉強を進めること）、定期性（定期的に学習すること）、学習の振り返り（計画どおり学習が進められているかどうかの確認と、問題点や弱点を明らかにすること）と自己評価（学習法の改善など）を整理しながら、その試験対策と学習方法を紹介しています。本書に沿って勉強し、高得点を目指して頑張ってください。

2015年3月
田中真紀子

*1　2014-2015 Information and Registration Bulletin　TOEFL iBT Test; TOEFL(ETS, 2014)
*2　国際教育交換協議会(CIEE)(2014)
*3　信頼性は2002年7月から2003年6月に行われたETSのテストのデータに基づく。

もくじ

はじめに

本書の利用法 …… 6

付属CDについて …… 9

TOEFL ITP テスト Information …… 10

模擬試験　第1回　解答・解説

解答一覧 …… 19

Section 1　Listening Comprehension

Part A …… 20

Part B …… 36

Part C …… 43

Section 2　Structure and Written Expression

Structure …… 56

Written Expression …… 61

Section 3　Reading Comprehension

Reading Comprehension …… 68

単語リスト …… 94

模擬試験　第2回　解答・解説

解答一覧 …… 97

Section 1　Listening Comprehension

Part A …… 98

Part B …… 113

Part C …… 120

Section 2　Structure and Written Expression

Structure …… 131

Written Expression …… 135

Section 3　Reading Comprehension

Reading Comprehension …… 141

単語リスト …… 166

別冊① 模擬試験　第1回
模擬試験　第2回
スコアの予想
解答用紙

別冊② 学習アドバイス

編集●志賀淳奈
編集協力●株式会社シー・レップス、株式会社鷗来堂、株式会社CPI Japan
装丁デザイン●内津　剛（及川真咲デザイン事務所）
本文デザイン●尾引美代
CD録音●有限会社 スタジオ ユニバーサル

本書の利用法

本書は、「本冊（解答・解説）」「別冊①（問題冊子）」「別冊②（学習アドバイス）」から構成されています。

本冊

『TOEFL ITPテストとは』

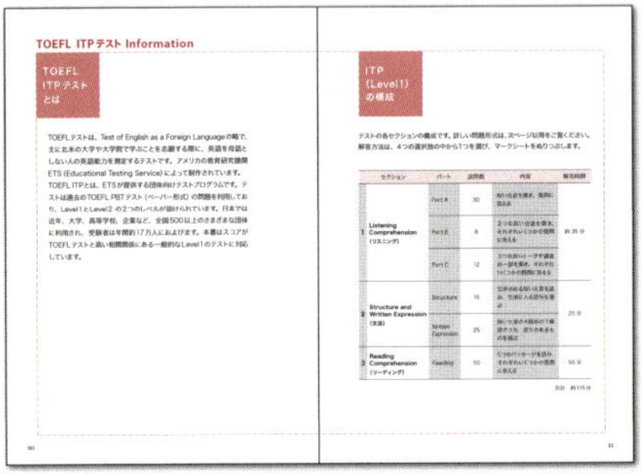

TOEFL ITPテストに関する基本情報を確認しましょう。

『TOEFL ITPテスト　解答・解説』

模擬試験の解答・解説で答え合わせと復習をしましょう。各回の最後には、リーディングに登場した単語をまとめた『単語リスト』があります。

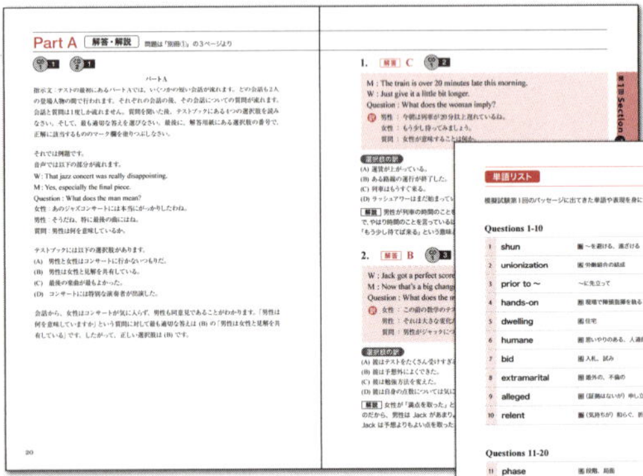

解答・解説

単語リスト

別冊①

『TOEFL ITPテスト　模擬試験』

本番と同じ形式の模擬試験が2回分収録されています。第1回は力試しのつもりで、第2回は本番のつもりで集中して臨みましょう。
試験の内容についての詳細は、「別冊②（学習アドバイス）」の『模擬試験第1回を受ける前に』をご覧ください。

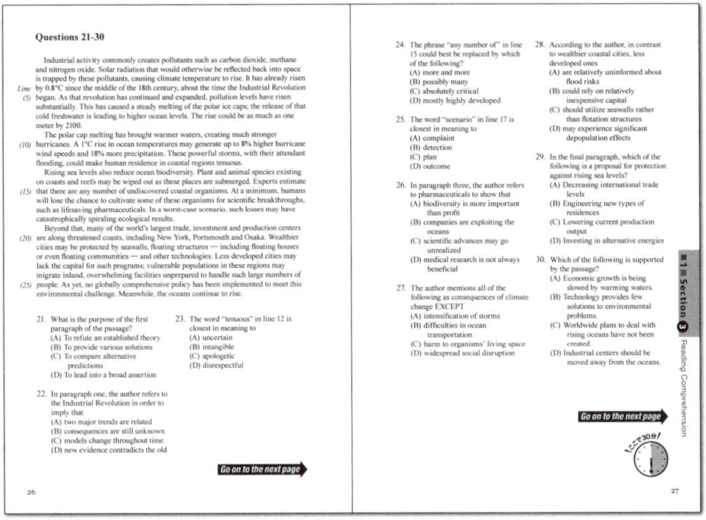

Questions 21-30

Industrial activity commonly creates pollutants such as carbon dioxide, methane and nitrogen oxide. Solar radiation that would otherwise be reflected back into space is trapped by these pollutants, causing climate temperature to rise. It has already risen by 0.8°C since the middle of the 18th century, about the time the Industrial Revolution began. As that revolution has continued and expanded, pollution levels have risen substantially. This has caused a steady melting of the polar ice caps; the release of that cold freshwater is leading to higher ocean levels. The rise could be as much as one meter by 2100.

The polar cap melting has brought warmer waters, creating much stronger hurricanes. A 1°C rise in ocean temperatures may generate up to 8% higher hurricane wind speeds and 18% more precipitation. These powerful storms, with their attendant flooding, could make human residence in coastal regions tenuous.

Rising sea levels also reduce ocean biodiversity. Plant and animal species existing on coasts and reefs may be wiped out as these places are submerged. Experts estimate that there are any number of undiscovered coastal organisms. At a minimum, humans will lose the chance to cultivate some of these organisms for scientific breakthroughs, such as lifesaving pharmaceuticals. In a worst-case scenario, such losses may have catastrophically spiraling ecological results.

Beyond that, many of the world's largest trade, investment and production centers are along threatened coasts, including New York, Portsmouth and Osaka. Wealthier cities may be protected by seawalls, floating structures — including floating houses or even floating communities — and other technologies. Less developed cities may lack the capital for such programs; vulnerable populations in these regions may migrate inland, overwhelming facilities unprepared to handle such large numbers of people. As yet, no globally comprehensive policy has been implemented to meet this environmental challenge. Meanwhile, the oceans continue to rise.

21. What is the purpose of the first paragraph of the passage?
    (A) To refute an established theory
    (B) To provide various solutions
    (C) To compare alternative predictions
    (D) To lead into a broad assertion

22. In paragraph one, the author refers to the Industrial Revolution in order to imply that
    (A) two major trends are related
    (B) consequences are still unknown
    (C) models change throughout time
    (D) new evidence contradicts the old

23. The word "tenuous" in line 12 is closest in meaning to
    (A) uncertain
    (B) intangible
    (C) apologetic
    (D) disrespectful

Go on to the next page

26

24. The phrase "any number of" in line 15 could best be replaced by which of the following?
    (A) more and more
    (B) possibly many
    (C) absolutely critical
    (D) mostly highly developed

25. The word "scenario" in line 17 is closest in meaning to
    (A) complaint
    (B) detection
    (C) plan
    (D) outcome

26. In paragraph three, the author refers to pharmaceuticals to show that
    (A) biodiversity is more important than profit
    (B) companies are exploiting the oceans
    (C) scientific advances may go unrealized
    (D) medical research is not always beneficial

27. The author mentions all of the following as consequences of climate change EXCEPT
    (A) intensification of storms
    (B) difficulties in ocean transportation
    (C) harm to organisms' living space
    (D) widespread social disruption

28. According to the author, in contrast to wealthier coastal cities, less developed ones
    (A) are relatively uninformed about flood risks
    (B) could rely on relatively inexpensive capital
    (C) should utilize seawalls rather than flotation structures
    (D) may experience significant depopulation effects

29. In the final paragraph, which of the following is a proposal for protection against rising sea levels?
    (A) Decreasing international trade levels
    (B) Engineering new types of residences
    (C) Lowering current production output
    (D) Investing in alternative energies

30. Which of the following is supported by the passage?
    (A) Economic growth is being slowed by warming waters.
    (B) Technology provides few solutions to environmental problems.
    (C) Worldwide plans to deal with rising oceans have not been created.
    (D) Industrial centers should be moved away from the oceans.

第1回 Section 3 Reading Comprehension

Go on to the next page

ここで30分!

27

「ここで30分」アイコンについて

本書では、少しずつ模擬試験に取り組みたい方のために、試験を約30分ごとに4回に分ける目安のアイコンをページ右下に入れています。1日30分ずつ進めると、8日間で2回分の模擬試験を終えることができます。通しで取り組みたい方は、Section冒頭に表示されている解答時間に沿って進めてください。
※本試験の解答時間は全部で約115分です。詳しくは本冊の11ページでご確認ください。

別冊②

『学習アドバイス』

2つの模擬試験の前後に、「学習アドバイス」に沿って予習・復習をしましょう。効果的な学習方法もたくさん紹介しています。
各ステップでどのように別冊②を活用すればよいかは、冊子2ページの『「学習アドバイス」の使い方』で確認してください。

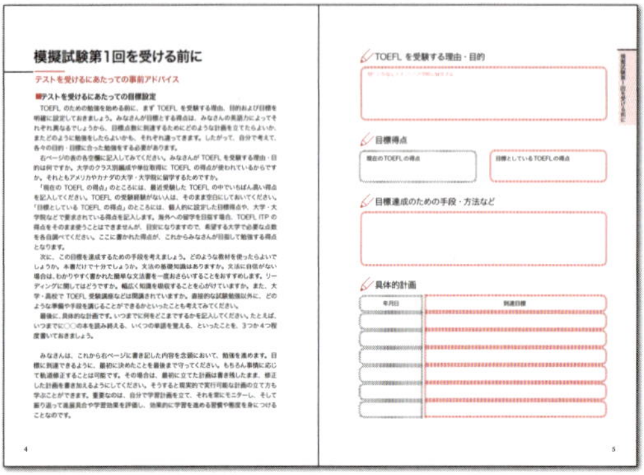

模擬試験第１回を受ける前に

試験を受ける前のアドバイスや、どのように復習を進めればよいかなどを確認しましょう。

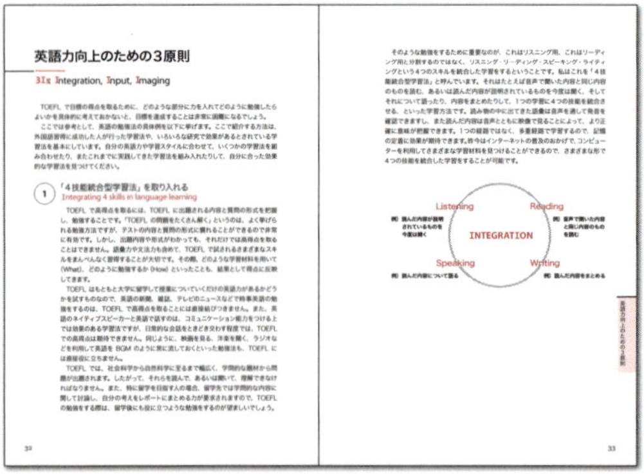

英語力向上のための３原則

英語力を向上させるために実践できる学習方法や、役立つインターネットのサイトなども紹介しています。

付属CDについて

本書の付属CDには、模擬試験第1回・第2回のSection 1（リスニング）のすべての音声が収録されています。本文中ではCD番号とトラック表示をCD1 1という形で示しています。英語は1度しか読まれません。

▶CDの収録内容

CD1 第1回（収録時間 約30分）

トラック番号	内　容
1～31	Part A
32～42	Part B
43～58	Part C

CD2 第2回（収録時間 約30分）

トラック番号	内　容
1～31	Part A
32～42	Part B
43～58	Part C

【注意】 付属のCDは、音楽CDプレーヤーでの再生を前提としております。パソコンなどで再生する場合、あるいは携帯型音楽プレーヤーに取り込む場合には不具合が生じる可能性がございますことを、あらかじめご了承ください。

TOEFL ITPテスト Information

TOEFL ITPテストとは

TOEFLテストは、Test of English as a Foreign Languageの略で、主に北米の大学や大学院で学ぶことを志願する際に、英語を母語としない人の英語能力を測定するテストです。アメリカの教育研究機関ETS (Educational Testing Service) によって制作されています。
TOEFL ITPとは、ETSが提供する団体向けテストプログラムです。テストは過去のTOEFL PBTテスト（ペーパー形式）の問題を利用しており、Level1とLevel2 の2つのレベルが設けられています。日本では近年、大学、高等学校、企業など、全国500以上のさまざまな団体に利用され、受験者は年間約17万人におよびます。本書はスコアがTOEFLテストと高い相関関係にある一般的なLevel1のテストに対応しています。

ITP (Level1) の構成

テストの各セクションの構成です。詳しい問題形式は、次ページ以降をご覧ください。
解答方法は、4つの選択肢の中から1つを選び、マークシートをぬりつぶします。

	セクション	パート	設問数	内容	解答時間
1	Listening Comprehension (リスニング)	Part A	30	短い会話を聞き、質問に答える	約35分
		Part B	8	2つの長い会話を聞き、それぞれいくつかの質問に答える	
		Part C	12	3つの長いトークや講義の一部を聞き、それぞれいくつかの質問に答える	
2	Structure and Written Expression (文法)	Structure	15	空所のある短い文章を読み、空所に入る語句を選ぶ	25分
		Written Expression	25	短い文章の4箇所の下線部のうち、誤りのあるものを選ぶ	
3	Reading Comprehension (リーディング)	Reading	50	5つのパッセージを読み、それぞれいくつかの質問に答える	55分

合計　約115分

ITPの各セクション

各セクションの詳しい内容です。

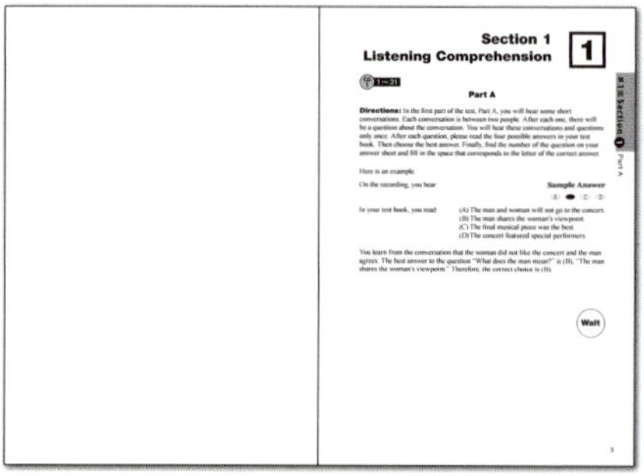

Section 1
Listening Comprehension

1

1〜31

Part A

Directions: In the first part of the test, Part A, you will hear some short conversations. Each conversation is between two people. After each one, there will be a question about the conversation. You will hear these conversations and questions only once. After each question, please read the four possible answers in your test book. Then choose the best answer. Finally, find the number of the question on your answer sheet and fill in the space that corresponds to the letter of the correct answer.

Here is an example.

On the recording, you hear:

Sample Answer

In your test book, you read:
(A) The man and woman will not go to the concert.
(B) The man shares the woman's viewpoint.
(C) The final musical piece was the best.
(D) The concert featured special performers.

You learn from the conversation that the woman did not like the concert and the man agrees. The best answer to the question "What does the man mean?" is (B), "The man shares the woman's viewpoint." Therefore, the correct choice is (B).

Wait

3

●リスニング(50問　約35分)

Part A

男女の短い会話を聞いて、発言の内容や意図などについての質問に答えます。

Part B

Part Aよりも長い会話を聞いて、内容についての質問に答えます。

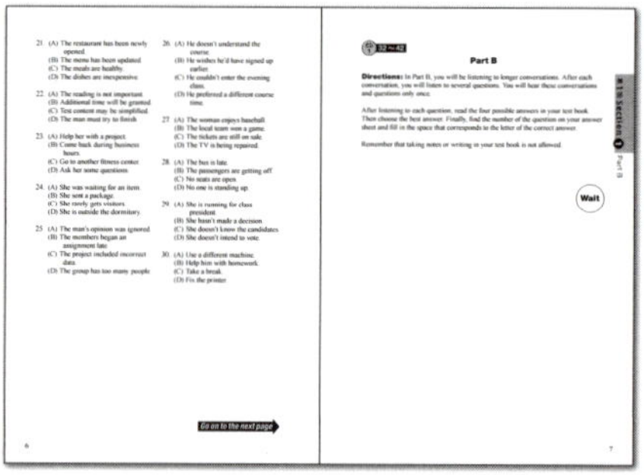

21. (A) The restaurant has been newly opened.
(B) The menu has been updated.
(C) The meals are healthy.
(D) The dishes are inexpensive.

22. (A) The reading is not important.
(B) Additional time will be granted.
(C) Test content may be simplified.
(D) The man must try to finish.

23. (A) Help her with a project.
(B) Come back during business hours.
(C) Go to another fitness center.
(D) Ask her some questions.

24. (A) She was waiting for an item.
(B) She sent a package.
(C) She rarely gets visitors.
(D) She is outside the dormitory.

25. (A) The man's opinion was ignored.
(B) The members began an assignment late.
(C) The project included incorrect data.
(D) The group has too many people.

26. (A) He doesn't understand the course.
(B) He wishes he'd have signed up earlier.
(C) He couldn't enter the evening class.
(D) He preferred a different course time.

27. (A) The woman enjoys baseball.
(B) The local team won a game.
(C) The tickets are still on sale.
(D) The TV is being repaired.

28. (A) The bus is late.
(B) The passengers are getting off.
(C) No seats are open.
(D) No one is standing up.

29. (A) She is running for class president.
(B) She hasn't made a decision.
(C) She doesn't know the candidates.
(D) She doesn't intend to vote.

30. (A) Use a different machine.
(B) Help him with homework.
(C) Take a break.
(D) Fix the printer.

Go on to the next page

6

32〜42

Part B

Directions: In Part B, you will be listening to longer conversations. After each conversation, you will listen to several questions. You will hear these conversations and questions only once.

After listening to each question, read the four possible answers in your test book. Then choose the best answer. Finally, find the number of the question on your answer sheet and fill in the space that corresponds to the letter of the correct answer.

Remember that taking notes or writing in your test book is not allowed.

Wait

7

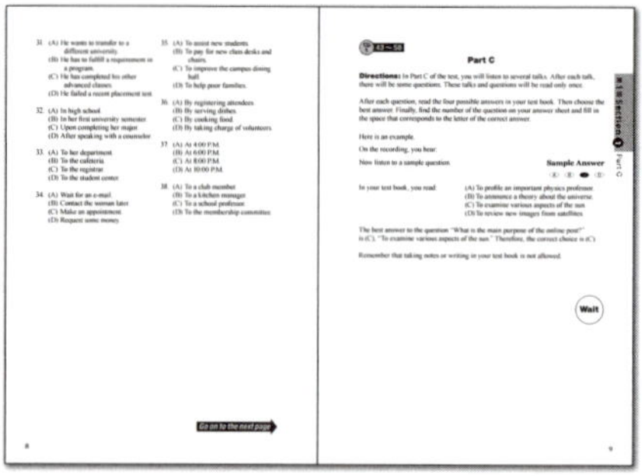

31. (A) He wants to transfer to a different university.
(B) He has to fulfill a requirement in a program.
(C) He has completed his other advanced classes.
(D) He failed a recent placement test.

32. (A) In high school.
(B) In her first university semester.
(C) Upon completing her major.
(D) After speaking with a counselor.

33. (A) To her department.
(B) To the cafeteria.
(C) To the registrar.
(D) To the student center.

34. (A) Wait for an e-mail.
(B) Contact the woman later.
(C) Make an appointment.
(D) Request some money.

35. (A) To assist new students.
(B) To pay for new class desks and chairs.
(C) To improve the campus dining hall.
(D) To help poor families.

36. (A) By registering attendees.
(B) By serving dishes.
(C) By cooking food.
(D) By taking charge of volunteers.

37. (A) At 4:00 P.M.
(B) At 6:00 P.M.
(C) At 8:00 P.M.
(D) At 10:00 P.M.

38. (A) To a club member.
(B) To a kitchen manager.
(C) To a school professor.
(D) To the membership committee.

Go on to the next page

8

43〜50

Part C

Directions: In Part C of the test, you will listen to several talks. After each talk, there will be some questions. These talks and questions will be read only once.

After each question, read the four possible answers in your test book. Then choose the best answer. Finally, find the number of the question on your answer sheet and fill in the space that corresponds to the letter of the correct answer.

Here is an example.

On the recording, you hear:

Now listen to a sample question.

Sample Answer

In your test book, you read:
(A) To profile an important physics professor.
(B) To announce a theory about the universe.
(C) To examine various aspects of the sun.
(D) To review new images from satellites.

The best answer to the question "What is the main purpose of the online post?" is (C), "To examine various aspects of the sun." Therefore, the correct choice is (C).

Remember that taking notes or writing in your test book is not allowed.

Wait

9

Part C

長いトークや講義の一部を聞いて、内容についての質問に答えます。

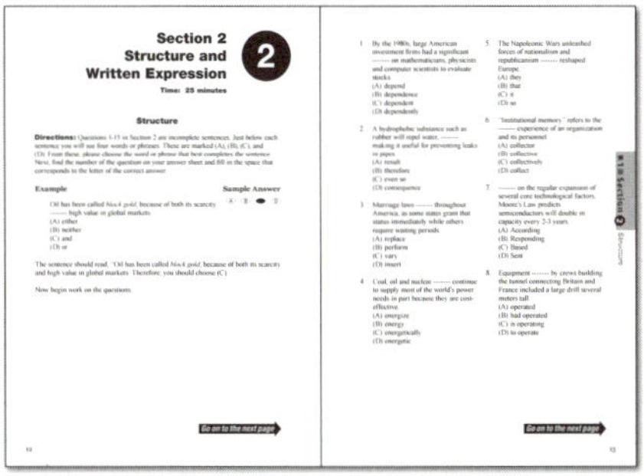
Section 2
Structure and Written Expression
Time: 25 minutes

Structure

●文法（40問　25分）

Structure

文中に空所があり、そこに入る文法的に正しいものを選びます。

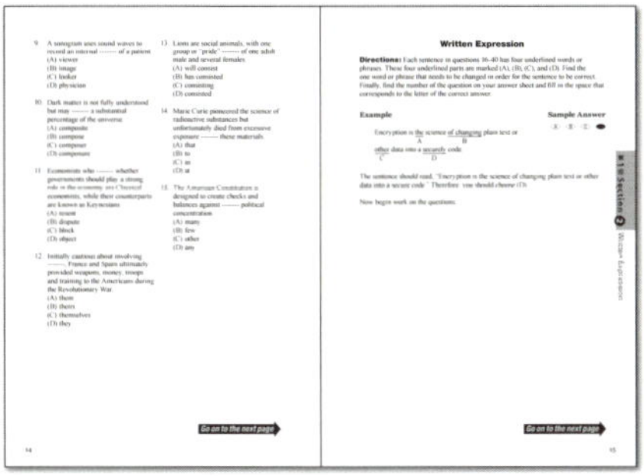
Written Expression

Written Expression

文中の4つの下線部のうち、文法的に間違っているものを1つ選びます。

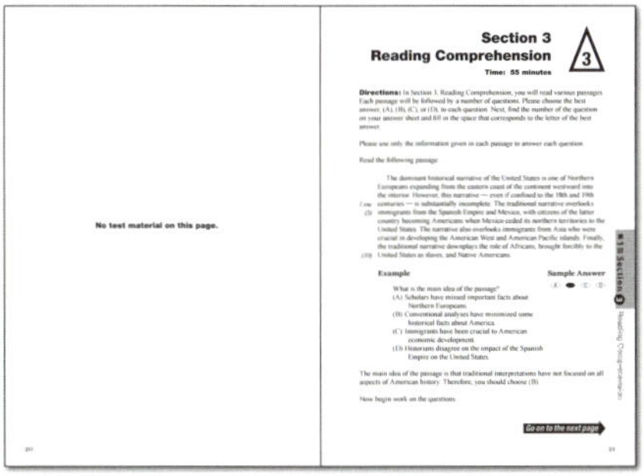
No test material on this page.

Section 3
Reading Comprehension
Time: 55 minutes

●リーディング（50問　55分）

Reading Comprehension

長文読解の問題です。1つのパッセージにつき10問程度あります。大学の授業で取り上げられるような学術的な内容です。

ITPの
スコア

スコアは、各セクションごとに以下のスコア範囲で算出されます。全体スコアは最低310点〜最高677点になります。結果は実施団体宛に送付されます。

セクション		スコアの範囲
1	**Listening Comprehension**	31 ～ 68
2	**Structure and Written Expression**	31 ～ 68
3	**Reading Comprehension**	31 ～ 67
	全体	310 ～ 677

問い合わせ先

英語教育関係者、高等学校・大学教職員、国際交流団体・企業関係者など、ご自身の学生・生徒・社員などに対してTOEFL ITP実施をご検討の方は、下記にお問い合わせください。個人でのお申し込みはできませんのでご注意ください。

国際教育交換協議会（CIEE）

日本代表部（東京）
〒150-8355
東京都渋谷区神宮前5-53-67
コスモス青山ギャラリーフロア B1F
電話番号：03-5467-5501（代表）
（土日祝祭日を除くAM9:30 ～ PM5:30）
ホームページ：http://www.cieej.or.jp/toefl/

Educational Testing Service (ETS)

Customer Support Center in Japan
電話番号：0120-981-925（フリーダイヤル）
（土日祝祭日を除くAM9:00 ～ PM5:00）
Eメール：TOEFLSupport4Japan@ets.org

iBTとの違い

TOEFLテストには、ITPとiBTという2つのタイプがあります。特に用途、試験形式や出題されるセクションが大きく異なりますので、それぞれの違いを理解しておきましょう。

	ITP	iBT
用途	通常、留学で求められる公式なスコアとしては使えないが、大学のクラス分け、大学院入試、交換留学の学内選抜、iBT受験の準備などに広く使われる	主に北米を中心とした英語圏への留学に必要な公式スコアとして使われる
個人・団体	団体受験のみ (個人では申し込めない)	個人で受験 (受験者が自分で申し込む)
形式	紙(マークシート)	PC
問題作成	かつて使われたPBTの問題を利用	新たに作成
セクション	リスニング/文法/リーディング	リーディング/リスニング/スピーキング/ライティング *リーディング・リスニングは内容や形式がITPとは異なる
時間	約2時間	約4～4.5時間
スコア	310～677 (各セクション31～67または68)	0～120 (各セクション0～30)

iBTとのセクションの違い

各セクションはそれぞれ以下のとおりです。

	ITP	iBT
リスニング	短い会話　30問 2会話　各4問 3トーク・講義　各4問	2-3会話　各5問 4-6講義　各6問
文法	空所補充問題　15問 誤文訂正問題　25問	—
リーディング	5パッセージ　各10問	3-4パッセージ　各12-14問
スピーキング	—	6問
ライティング	—	2問

iBTとの スコア比較

両者のスコアを比べたいときには、以下の表を参考にしてください。

ITP	iBT
677	120
640	111
600	100
550	79
500	61
450	45
400	32

＊上記はPBT（ライティング、スピーキングは含まれない）のスコアを参照して算出しています。

TOEFL ITPテスト
模擬試験 第1回
解答・解説

- **Section 1** Listening Comprehension 20
- **Section 2** Structure and Written Expression 56
- **Section 3** Reading Comprehension 68

解答一覧

Section 1

1 C	18 B	35 D
2 B	19 A	36 B
3 A	20 B	37 D
4 C	21 C	38 A
5 C	22 D	39 B
6 C	23 D	40 C
7 B	24 C	41 C
8 A	25 A	42 D
9 B	26 D	43 A
10 D	27 A	44 C
11 A	28 C	45 B
12 B	29 B	46 D
13 C	30 A	47 C
14 D	31 B	48 B
15 B	32 A	49 A
16 C	33 D	50 D
17 C	34 C	

Section 2

1 B	18 C	35 D
2 B	19 D	36 C
3 C	20 D	37 A
4 B	21 A	38 C
5 B	22 D	39 B
6 B	23 C	40 A
7 C	24 B	
8 A	25 C	
9 B	26 C	
10 B	27 A	
11 B	28 D	
12 C	29 B	
13 C	30 D	
14 B	31 C	
15 D	32 C	
16 C	33 C	
17 A	34 C	

Section 3

1 B	18 A	35 B
2 A	19 D	36 C
3 C	20 C	37 D
4 C	21 D	38 A
5 B	22 A	39 D
6 D	23 A	40 B
7 A	24 B	41 A
8 D	25 D	42 A
9 C	26 C	43 B
10 D	27 B	44 C
11 C	28 D	45 D
12 B	29 B	46 C
13 A	30 C	47 B
14 C	31 D	48 D
15 A	32 A	49 B
16 D	33 B	50 A
17 B	34 C	

Part A 解答・解説 問題は「別冊①」の3ページより

CD 1 1　CD 2 1

パートA

指示文：テストの最初にあるパートAでは、いくつかの短い会話が流れます。どの会話も2人の登場人物の間で行われます。それぞれの会話の後、その会話についての質問が流れます。会話と質問は1度しか流れません。質問を聞いた後、テストブックにある4つの選択肢を読みなさい。そして、最も適切な答えを選びなさい。最後に、解答用紙にある選択肢の番号で、正解に該当するもののマーク欄を塗りつぶしなさい。

それでは例題です。

音声では以下の部分が流れます。

W : That jazz concert was really disappointing.

M : Yes, especially the final piece.

Question : What does the man mean?

女性：あのジャズコンサートには本当にがっかりしたわね。

男性：そうだね、特に最後の曲にはね。

質問：男性は何を意味しているか。

テストブックには以下の選択肢があります。

(A) 男性と女性はコンサートに行かないつもりだ。

(B) 男性は女性と見解を共有している。

(C) 最後の楽曲が最もよかった。

(D) コンサートには特別な演奏者が出演した。

会話から、女性はコンサートが気に入らず、男性も同意見であることがわかります。「男性は何を意味していますか」という質問に対して最も適切な答えは (B) の「男性は女性と見解を共有している」です。したがって、正しい選択肢は (B) です。

1. 解答 C CD 1 2

M : The train is over 20 minutes late this morning.
W : Just give it a little bit longer.
Question : What does the woman imply?

訳 男性 ： 今朝は列車が20分以上遅れているね。
女性 ： もう少し待ってみましょう。
質問 ： 女性が意味することは何か。

選択肢の訳

(A) 運賃が上がっている。
(B) ある路線の運行が終了した。
(C) 列車はもうすぐ来る。
(D) ラッシュアワーはまだ始まっていない。

解説 男性が列車の時間のことを言っているのに対して、女性は話題を変えてはいないので、やはり時間のことを言っているはず。したがって、(C) か (D) だが、a little bit longer から、「もう少し待てば来る」という意味と考えるのが妥当。(C) が正解。

2. 解答 B CD 1 3

W : Jack got a perfect score on his last math test.
M : Now that's a big change.
Question : What does the man imply about Jack?

訳 女性 ： この前の数学のテストでジャックは満点を取ったのよ。
男性 ： それは大きな変化だね。
質問 ： 男性がジャックについて意味することは何か。

選択肢の訳

(A) 彼はテストをたくさん受けすぎる。
(B) 彼は予想外によくできた。
(C) 彼は勉強方法を変えた。
(D) 彼は自身の点数については気にしない。

解説 女性が「満点を取った」と言っているのに対して男性が big change と言っているのだから、男性は Jack があまりよい点を取るとは思っていなかったことがわかる。つまり、Jack は予想よりもよい点を取ったということで、(B) が正解。

3. 解答 A CD 1 4

M : I'm going to register online for my Advanced Biology class.
W : That's already full.
Question : What does the woman say about the biology class?

訳 男性 : 上級生物学のクラスの履修をオンラインで登録するつもりなんだ。
女性 : それはもう満員よ。
質問 : 女性は生物学のクラスについて何と言っているか。

選択肢の訳

(A) それ以上学生は入ることができない。
(B) そのクラスはとても難しい。
(C) 登録はまだ始まっていない。
(D) 課程の教材はオンライン上にある。

解説 男性が I'm going to register ... と言っているのに対して、女性が already full と言っているので、もう満員で登録できないという意味と判断できる。full、bull など、-ull の音は少し聞き取りにくいが、ここでは女性の already が意味を聞き取るヒントになる。

4. 解答 C CD 1 5

M : I wish this textbook were less expensive.
W : You should buy a used edition to save money.
Question : What does the woman recommend the man do?

訳 男性 : この教科書がもっと安ければいいんだけど。
女性 : お金を節約するには中古版を買うといいわ。
質問 : 女性は男性に何をするよう勧めているか。

選択肢の訳

(A) 彼の教科書を売る。
(B) 本の価格を確認する。
(C) より安い版を入手する。
(D) 彼の資金を投資する。

解説 男性の I wish と less expensive から、textbook が高価だということがわかる。女性の used edition をもし聞き逃しても、You should buy と save money が聞き取れれば、何か安いものを買うように勧めていることが推測できる。選択肢の中では、この状況に合うと考えられるのは (C)。この copy は日本語で言う「コピー」ではなくて本などの「1冊」のこと。

5. 解答 C CD 1 6

W : Where will the university picnic be held?
M : Are you sure it hasn't been canceled because of the rain?
Question : What does the man ask the woman about?

訳 女性 : 大学のピクニックはどこで催されますか。
男性 : 雨で中止になったのではないですか。
質問 : 男性は女性に何について尋ねているか。

選択肢の訳

(A) 施設の場所。
(B) 企画の日程。
(C) 行事の状況。
(D) 今日の天気。

解説 男性は Are you sure ...? と言って、女性に何かを確認していることがわかる。it は女性の発言の the university picnic を指すので、Are you sure it hasn't been canceled は「大学のピクニックが中止されていないことは確かですか」という意味になる。したがって、picnic を an event と言い換えている (C) が正解。

6. 解答 C CD 1 7

M : Could I borrow your notes from Friday's lecture?
W : Oh, that's right. You missed that.
Question : What can be inferred from this conversation?

訳 男性 : 金曜日の講義の記録を貸してもらえる?
女性 : ああ、そうだ。あなたは欠席したんだった。
質問 : この会話から言えることは何か。

選択肢の訳

(A) 女性は金曜日の講義に来なかった。
(B) その授業は週に1日だけ行われる。
(C) 女性と男性は同じ講義を取っている。
(D) 教授は学生の記録を見直した。

解説 男性が notes を借りたがっているのに対して、女性が、You missed that. と言っているので、男性が lecture を欠席したと判断できる。男性が欠席したのだから、(A) は逆。(B)、(D) については触れられていない。男性が記録を見せてほしいと頼んでいるのだから、2人が同じ授業を取っていることが推測できる。したがって、(C) が正解。

7. 解答 B CD 1 8

W : It's hard to believe that tuition will be raised next year.
M : Right! That'll be a real hardship for us.
Question : What does the man mean?

訳 女性 ： 来年授業料が上がるなんて信じられないわ。
男性 ： まったくだ！　そうなると僕たちは本当につらくなるよ。
質問 ： 男性が意味することは何か。

選択肢の訳

(A) 学年度がもうすぐ終わる。
(B) 費用を支払うのが難しくなる。
(C) 授業料の値上げはわずかだろう。
(D) 課程の教材はとても難しい。

解説 tuition は授業料のこと。tuition が聞き取れなくても、will be raised「値上がりする」とhardship から、何かが値上がりしてそれが２人にとって厳しいということがわかる。(A) は言及がない。(C) は 値上げの程度は触れられていないので誤り。(D) は hard が紛らわしいが関係がない。(B) が正解。

8. 解答 A CD 1 9

M : I'm going to take a part-time job at the school cafeteria.
W : Won't that harm your grades?
Question : What does the woman imply?

訳 男性 ： 僕は学校のカフェテリアでアルバイトをするんだ。
女性 ： それであなたの成績が悪くなることはないの？
質問 ： 女性が意味することは何か。

選択肢の訳

(A) 仕事のせいで彼の成績が下がるかもしれない。
(B) カフェテリアの仕事時間は短い。
(C) よい仕事を見つけるのは難しい。
(D) 男性は間違った教科を勉強している。

解説 part-time job と school cafeteria から、男性が学校のカフェテリアでアルバイトをするということがわかる。harm your grades から、女性がアルバイトによるマイナスの影響を心配していると判断できる。(C) や (D) は関係がなく、(B) の work schedule についても触れられていない。grades は「成績」のことなので、(A) が正解。

9. 解答 B CD1 10

W : I heard that you and Jenna saw that new action movie, *Firecracker*. How was it?
M : Not really worth our time.
Question : What does the man mean?

訳 女性 : あなたとジェンナが新しいアクション映画の『ファイヤークラッカー』を見たって聞いたけど。どうだった？
男性 : 時間を費やすだけの価値はあまりなかったよ。
質問 : 男性が意味することは何か。

選択肢の訳
(A) 彼は映画についてたくさん聞いた。
(B) 彼は映画に失望した。
(C) 彼はテレビを見る方が好きだ。
(D) 彼はジェンナを夕食に誘った。

解説 worth our time とは「自分たちの時間を費やす価値がある」という意味。それに Not がついているので、男性が映画に対して否定的なことがわかる。したがって、(B) が正解。movie が film と言い換えられていることに注意。

10. 解答 D CD1 11

M : Have you decided on a major yet?
W : I've got two or three in mind.
Question : What can be inferred from this conversation?

訳 男性 : もう専攻を決めた？
女性 : 2つか3つ、考えているものはあるわ。
質問 : この会話から言えることは何か。

選択肢の訳
(A) 女性は自身の分野に興味がなくなった。
(B) 学校の専攻は限られている。
(C) 登録が今はできない。
(D) 女性は自身の選択肢について考えている。

解説 男性が Have you decided ...? と質問しており、選択肢が少ないといった話も出てこないので、(B) は合わない。また、(A) や (C) も触れられていない。女性の I've got は I have と同じ意味。「心の中に2つか3つある」、つまり決めかねていることから、(D) が正解。

11. 解答 A CD 1 12

M : What is your final essay going to be on?
W : The life cycle of frogs, as our professor advised.
Question : What does the woman say about the essay?

訳 男性 ： あなたの期末論文は何についてですか。
女性 ： カエルの生活環です、教授からの助言どおりに。
質問 ： 女性は論文について何と言っているか。

選択肢の訳

(A) 彼女は主題を選んだ。
(B) 彼女は成績を受け取った。
(C) 彼女はクラスメイトに力を貸した。
(D) 彼女は助言を待っている。

解説 男性の質問の最後の on は「～について」という意味の前置詞で、論文の主題について尋ねている。女性はもうカエルの生活環という主題を決めていることがわかるので、(A) が正解。(B)、(C) には言及がない。(D) は女性がすでに助言を受けたと対話の中で言っているので誤り。

12. 解答 B CD 1 13

W : How often do you attend your study club?
M : Not as frequently as I should.
Question : What does the man imply?

訳 女性 ： 研究会にどれくらいの頻度で参加してる?
男性 ： もっと参加するべきなんだけど、それほど参加していないよ。
質問 ： 男性が意味することは何か。

選択肢の訳

(A) 彼は今学期の勉強を終えた。
(B) 彼はもっと頻繁に集まりに行くべきだ。
(C) 彼は頻繁に研究会を結成している。
(D) 彼は組織から脱退しようと計画している。

解説 女性の質問が How often ...? の形なので、何かの頻度を尋ねていることがわかる。男性の答え Not as frequently as I should. はとっさに理解しにくいが、frequently は「頻繁に」なので、as I should「行くべきほどに」頻繁には行っていないということ。実際にはもっと行くべきだと思っていることがわかる。

13. 解答 C CD1 14

M : Have you had a chance to review our class presentation?
W : Yes, and I think it needs to be improved.
Question : What does the woman mean?

訳 男性 ： 僕らの授業の発表を見直す機会はあった？
女性 ： ええ、改善する必要があると思うわ。
質問 ： 女性が意味することは何か。

選択肢の訳

(A) 彼女は発表に目を通す時間がない。
(B) 彼女は自身の発表を改善した。
(C) 彼女はいくらか変更したいと考えている。
(D) 彼女はもっと意見を得る必要がある。

解説 Have you had a chance ...? という質問に対して Yes と答えているので、(A)「時間がない」は合わない。needs と improved が聞こえるので、女性がそれについて改良の必要があると考えていることがわかり、(C) が正解と判断できる。(B) は「すでに改善した」という完了形になっており、また (D) は会話でまったく言及されていないので、いずれも合わない。

14. 解答 D CD1 15

M : My e-mail to Stella keeps bouncing back.
W : Why not verify her address?
Question : What does the woman recommend the man do?

訳 男性 ： ステラ宛のEメールがずっと戻ってくるんだ。
女性 ： 彼女のアドレスを確かめたらどう？
質問 ： 女性は男性に何をするよう勧めているか。

選択肢の訳

(A) Eメールを待つ。
(B) ステラに再度連絡をする。
(C) 後で戻ってくる。
(D) 情報を確認する。

解説 bounce back は「戻ってくる」という意味。E メールを送っても戻り続けるという状況にどういう助言をするかを考える。女性が address と言っているので、アドレスをもう一度調べるか尋ねるかという意味だと想像できる。(A)、(B)、(C) は男性の発話とかみ合わない。verify は「～を検証する、確かめる」という意味なので、(D) が正解。

15. 解答 B CD 1 16

W : The admission line for this amusement park is just too long.
M : It sure is.
Question : What does the man mean?

訳 女性 : この遊園地への入場の行列は長すぎるわね。
男性 : 本当だね。
質問 : 男性が意味することは何か。

選択肢の訳

(A) 彼は入場料が高いと思っている。
(B) 彼は女性に同意している。
(C) 彼はそれほど長くは滞在するつもりはない。
(D) 彼はこの遊園地が好きである。

解説 sure は強調で、「確かに」という意味を表している。It sure is. はIt (= The admission line) is (too long). という意味なので、女性が言ったことに賛成していることになり、(B) が正解。admission line は「入場の行列」の意味。admission には「入場料」という意味もある。

16. 解答 C CD 1 17

W : How about that last seminar by Professor Chow?
M : Complex, but well worth going to.
Question : What does the man mean?

訳 女性 : チャウ教授の前回のセミナーはいかがでしたか。
男性 : 複雑でした、でも行く価値は十分にありましたよ。
質問 : 男性が意味することは何か。

選択肢の訳

(A) 教授は手が空いていなかった。
(B) セミナーは簡単に理解できた。
(C) 講演者の講義は価値があった。
(D) 主題は驚くほどのものではなかった。

解説 How about ～? は「～はどう (だった) ?」という意味。男性の答えには It was が省略されている。その last seminar は well worth going to、つまり、行く価値が十分にあったと男性は考えているので、(C) が正解。complex は「複雑な」という意味なので、(B) は合わない。

17. 解答 C CD 1 18

M : Where are those books I left on the table?
W : Did those belong to you?
Question : What can be inferred from the woman's question?

訳 男性 ： 僕がテーブルの上に置いた本はどこかな。
女性 ： あの本はあなたのものだったの？
質問 ： 女性の質問から言えることは何か。

選択肢の訳

(A) 彼女はいくつか物をなくした。
(B) 彼女はそのテーブルを動かした。
(C) 彼女はそれらの本を見た。
(D) 彼女はいくつかの商品の代金を支払った。

解説 男性が「どこにある?」と聞いたのに対して女性が、those という指示語を使って「あなたのものだったの?」と言っているということは、女性はそれらを確かに見て知っているということを意味している。したがって、(C) が正解。女性が本をなくしたかどうかはわからないので (A) は誤り。(B) は言及がなく、(D) はまったく関係がない。

18. 解答 B CD 1 19

W : When do you think Michael could get those tickets to the concert?
M : He paid for those this morning.
Question : What does the man say about Michael?

訳 女性 ： マイケルはそのコンサートのチケットをいつ入手できたと思う？
男性 ： 彼は今朝その支払いをしたよ。
質問 ： 男性はマイケルについて何と言っているか。

選択肢の訳

(A) 彼は自分のチケットをキャンセルした。
(B) 彼は購入をした。
(C) 彼は支払いを受けた。
(D) 彼はコンサートへ行った。

解説 男性は He paid for those (＝those tickets) this morning.「彼は今朝その支払いをした」と言っているので、(B) が正解。(C) は彼が売った側だという意味、(D) は「コンサートに行った」という意味で、この文脈と一致しない。

19. 解答 A CD 1 20

M : How long have you been a campus guide?
W : Since my second year at this university.
Question : What can be inferred about the woman from this conversation?

訳 男性 : あなたは構内案内係をどれくらい務めているのですか。
女性 : この大学の2年生のときからです。
質問 : この会話から女性について言えることは何か。

選択肢の訳

(A) 彼女は訪問者に学校内を案内している。
(B) 彼女はこの大学の1年生である。
(C) 彼女は多くの案内係を養成している。
(D) 彼女はキャンパスから離れて生活している。

解説 男性の質問から、女性が campus を案内するガイドであることがわかり、選択肢の中では (A) が適切。「2年生のときから」と言っているので (B) は不適切。(C) の train「養成する」ことや (D) については述べられていない。

20. 解答 B CD 1 21

W : Why don't you use this Web page for class research material?
M : It doesn't seem to have what I need.
Question : What does the man imply?

訳 女性 : クラスの研究材料にこのウェブページを使ってはどうですか。
男性 : 僕が必要としていることは載っていないようです。
質問 : 男性が意味することは何か。

選択肢の訳

(A) そのウェブページは落ちている。
(B) その内容は有益ではない。
(C) 彼は主題の研究をやめた。
(D) 彼は必要な材料をすべて持っている。

解説 男性の言っている It は女性の質問にある this Web page のこと。doesn't seem to have は、「ないようだ」という意味。これだけでもそのウェブページには彼が求めているものがないのだということが推測でき、消去法で考えても (B) に絞ることができる。what I need は「私に必要なもの」という意味。

21. 解答 C

CD 1 22

M : Is the food in this restaurant any good?
W : Yes, and very nutritious.
Question : What can be inferred from this conversation?

訳 男性 ： このレストランの食事はおいしい？
女性 ： ええ、それにとても栄養があるわ。
質問 ： この会話から言えることは何か。

選択肢の訳

(A) そのレストランは新たにオープンしたばかりだ。
(B) そのメニューは改訂された。
(C) そこの食事は健康的だ。
(D) その料理は高価ではない。

解説 話題はこのレストランの食事がおいしいかどうかということ。nutritious は「栄養がある」という意味なので、healthy と言い換えている (C) が正解。(A) の新しくオープンしたかどうかや、(B) のメニューの改訂については言及がない。(D) の値段についても話題になっていない。

22. 解答 D

CD 1 23

M : There isn't enough time to finish all of the reading before my next test.
W : You have to try, regardless.
Question : What does the woman imply?

訳 男性 ： 次の試験までにこれをすべて読み終えるには時間が足りないよ。
女性 ： そうはいっても、やってみなきゃだめよ。
質問 ： 女性が意味することは何か。

選択肢の訳

(A) その読書は重要ではない。
(B) 追加時間が与えられるだろう。
(C) 試験の内容は簡略化されるかもしれない。
(D) 男性は終えるよう努めなければならない。

解説 regardless は「それでもなお」という意味。男性の There isn't enough time に対して、You have to try と言っているのだから、時間がなくても努力しなければ、と言っていることがわかり、(D) が正解。(A)、(B)、(C) については述べられていない。

23. 解答 D CD 1 24

M : Who can tell me about the fitness center hours and services?
W : I can help you.
Question : What does the woman imply the man should do?

訳 男性 : フィットネスセンターの時間とサービスについて、どなたが教えてくれますか。
女性 : 私がお手伝いいたします。
質問 : 女性は男性が何をすべきだと示唆しているか。

選択肢の訳

(A) 企画について彼女を手伝うこと。
(B) 営業時間中に戻ってくること。
(C) 別のフィットネスセンターに行くこと。
(D) 彼女に質問すること。

解説 質問は Who can ...? で、女性が I can ... で答えているので、女性は自分が男性が求めているその人であると言っている。つまり、男性は彼女に質問をすればよいということになる。したがって、(D) が正解。

24. 解答 C CD 1 25

M : There's a person waiting for you in the dormitory lobby.
W : That's odd. Who is it?
Question : What can be inferred from the woman's question?

訳 男性 : 寮のロビーであなたを待っている方がいらっしゃいます。
女性 : おかしいですね。誰ですか。
質問 : 女性の質問から言えることは何か。

選択肢の訳

(A) 彼女は商品を待っていた。
(B) 彼女は小包を送った。
(C) 彼女への来客はめったにない。
(D) 彼女は寮の外にいる。

解説 男性の There's a person waiting for you に対する女性の返事から、女性が訪問客を予定してはいないことがわかる。よって(C) が正解。(A) の item や (B) の package については触れられていない。(D) は、彼女が今いる場所についてはこの会話からは判断できない。

25. 解答 A　CD1 26

W : Our class science project is overdue.
M : That's why I had recommended adding more members to our group.
Question : What can be inferred from this conversation?

訳 女性 ： 私たちのクラスの科学プロジェクトは締め切りに遅れてしまっているわ。
男性 ： だから僕たちのグループにメンバーを追加しようと勧めたんだ。
質問 ： この会話から言えることは何か。

選択肢の訳

(A) 男性の意見は無視された。
(B) メンバーは遅れて課題に取り掛かった。
(C) プロジェクトには誤ったデータが含まれていた。
(D) グループには人が多すぎる。

解説 overdue は「期日を過ぎた」という意味。男性の言う That's why ～. は「それが～の理由だ」という意味で、「だから～したんだよ」というようなニュアンスを持つ。男性の言葉は、I had recommended と過去完了形で述べているので、以前に何かをしたという意味。つまり、男性が以前何かを勧めたのに、その意見が採用されなかったことがわかり、(A) が正解。

26. 解答 D　CD1 27

W : How is your evening math class coming?
M : Fine, but I wish the one in the morning had had some openings.
Question : What does the man imply?

訳 女性 ： 夕方の数学クラスの状況はどう？
男性 ： いいよ、でも午前中のクラスに空きがあればよかったな。
質問 ： 男性が意味することは何か。

選択肢の訳

(A) 彼はその講義を理解していない。
(B) 彼はもっと早くに申請していればよかったと思っている。
(C) 彼は夕方のクラスに入れなかった。
(D) 彼は違う講義時間帯を希望した。

解説 男性の言っている the one は math class のこと。I wish は仮定法で、had had は過去の事実に反する願望を表している。had had some openings は「空きがあれば」という意味で、朝のクラスは満員で取ることができなかったのだとわかる。したがって、(D) が正解。

27. 解答 A CD 1 28

W : There's a baseball game being played tonight.
M : I guess you'll be watching it on TV.
Question : What does the man assume?

訳 女性 ： 今夜、野球の試合が行われるの。
男性 ： その試合をテレビで見るんだろうね。
質問 ： 男性が想定していることは何か。

選択肢の訳

(A) 女性は野球を楽しむ。
(B) 地元のチームが試合に勝った。
(C) チケットはまだ販売中である。
(D) テレビは修理中である。

解説 女性が「今夜野球の試合がある」と言ったのに対して、「その試合を見るんだろうね」と男性は言っているのだから、男性は女性が野球好きだと考えていることがわかる。(B) のチームについては何も述べられていないし、テレビで見るのだろうと言っているのだから (C) と (D) も合わない。(A) が正解。

28. 解答 C CD 1 29

M : Are there any seats at the back of this bus?
W : Sorry, standing room only.
Question : What does the woman mean?

訳 男性 ： このバスの後ろに席はありますか。
女性 ： すみません、立つところのみです。
質問 ： 女性が意味することは何か。

選択肢の訳

(A) バスは遅れている。
(B) 乗客が降りている。
(C) 空いている席はない。
(D) 誰も立っていない。

解説 男性が Are there any seats ...? と尋ねているのに対して、女性は Sorry と言っているので、座席がないことがわかる。したがって、(C) が正解。(A)、(B) については述べられていない。standing room というのは、立つためのスペースという意味。立っている人がいないとは述べられていないので、(D) は不適切。

29. 解答 B CD1 30

M : Who do you support for class president?
W : It's hard to choose from among the four candidates.
Question : What does the woman mean?

訳 男性 : 学級委員長に誰を支持する？
女性 : この4人の候補者から選ぶのは難しいわね。
質問 : 女性が意味することは何か。

選択肢の訳

(A) 彼女は学級委員長に立候補している。
(B) 彼女はまだ決めていない。
(C) 彼女は候補者を知らない。
(D) 彼女には投票する意思がない。

解説 男性が Who で質問を始めているのに対して、女性が It's hard to choose と言っているので、誰に決めるかは難しい問題だと言っていることがわかる。(B) が正解。Who do you support ...? という質問なので (A) は不適。また、女性が4人の候補を知っていることもわかるので、(C) も合わない。(D) については述べられていない。

30. 解答 A CD1 31

W : I can't print out my homework on this broken printer.
M : Why not just use another one?
Question : What does the man recommend the woman do?

訳 女性 : この壊れたプリンターじゃ宿題を印刷できないわ。
男性 : 他のプリンターを使ったらどう？
質問 : 男性は女性に何をするよう勧めているか。

選択肢の訳

(A) 別の機械を使う。
(B) 彼の宿題を手伝う。
(C) 休憩する。
(D) プリンターを直す。

解説 女性は I can't print out と言っており、this broken printer という言葉から、プリンターが壊れていてプリントできないことがわかる。男性の Why not ～？は「～したらどう？」と何かを勧めるときの表現。another one の one はプリンターを指すと考えられるので、別の機械を使うよう勧めている (A) が正解。

Part B 解答・解説 問題は「別冊①」の7ページより

CD 1 32　CD 2 32

パートB

指示文：パートBでは、長い会話が流れます。それぞれの会話の後、質問がいくつか流れます。会話と質問は1度しか流れません。

質問を聞いた後、テストブックにある4つの選択肢を読みなさい。そして、最も適切な答えを選びなさい。最後に、解答用紙にある選択肢の番号で、正解に該当するもののマーク欄を塗りつぶしなさい。

メモを取ったりテストブックに書き込みをしたりしてはいけないことに注意してください。

Questions 31-34 CD 1 33

スクリプト

Listen to students talk about a placement test.

M : I'm thinking of taking a basic computer science course this semester.

W : I thought you already had four years of studying computers in high school. Do you need to start from a basic level?

M : I'm not sure what else I can do. One basic and three mid-level computer courses are required in my major.

W : You should talk with one of the academic counselors. You might be able to take a placement test to skip the basic course and go right into the mid-level ones.

M : Is that possible?

W : It might be. My major requires two basic accounting classes, but I finished those in high school. I took a placement test, and I was allowed to skip the basic courses.

M : Wow, I guess you'll save a lot of time and money that way.

W : I sure will. Don't go to the registrar right away. Instead, you should talk to an academic counselor. They're in the student center next to the cafeteria. You should visit them.

M : You're right. I'll send them an e-mail to make an appointment with someone there.

訳

クラス分けテストについての学生の会話を聞きなさい。

男性：今学期、コンピューター科学の基礎講座を受講しようと考えているんだ。

女性：あなたはもうすでに高校で4年間、コンピューターの勉強をしたのだと思っていたけど。基礎レベルから始める必要があるの?

男性：他に何ができるのか、よくわからなくて。僕の専攻では、コンピューター講座の基礎を1つ、中級を3つ取る必要があるんだ。

女性：履修カウンセラーと話してみるべきよ。基礎講座を飛ばしてすぐに中級講座に進めるクラス分けテストを受けられるかもしれないわ。

男性：そんなことできるの?

女性：できるかもしれないわ。私の専攻では会計の基礎クラスを2つ取る必要があるんだけど、私は高校でそれらを修了してるの。クラス分けテストを受けて、基礎講座を飛ばしてもよいと認められたわ。

男性：わあ、そうすれば時間とお金をかなり節約できそうだ。

女性：そうよ。教務課にはすぐに行かない方がいいわね。その代わり、履修カウンセラーに相談すべきよ。カフェテリアの隣の学生センターにいるわ。訪ねてみるべきね。

男性：そうだね。学生センターの誰かと会う予約をするために、Eメールを送ってみるよ。

31. 解答 B CD1 34

Question : Why is the man considering the computer courses?
質問 ： 男性がコンピューター講座について考えているのはなぜか。

選択肢の訳

(A) 別の大学へ編入したいため。
(B) 学習プログラムの受講要件を満たさなければならないため。
(C) 他の上級クラスを修了したため。
(D) 最近のクラス分けテストに失敗したため。

解説

男性は最初の発言でコンピューター講座を受講するつもりだと言っており、その理由を次の発言でOne basic and three mid-level computer courses are required in my major. としている。「専攻で必要」ということなので、(B) が正解だとわかる。

32. 解答 A CD1 35

Question : When did the woman take basic accounting classes?
質問 ： 女性が会計の基礎クラスを受講したのはいつか。

選択肢の訳

(A) 高校で。
(B) 大学の最初の学期で。
(C) 専攻を終えるとすぐに。
(D) カウンセラーと話した後で。

解説

basic accounting classes について述べられているのは女性の３つ目の発言。My major requires two basic accounting classes, but I finished those in high school. とあり、「高校で修了した」と言っているので、(A) が正解。

33. 解答 D CD 1 36

Question : Where does the woman suggest the man go?

質問 ： 女性は男性にどこへ行くことを勧めているか。

選択肢の訳

(A) 彼女の学部へ。

(B) カフェテリアへ。

(C) 教務課へ。

(D) 学生センターへ。

解説

女性は男性に基礎講座を飛ばせるかもしれないと言い、you should talk to an academic counselor と男性に履修カウンセラーに相談することを提案している。選択肢を見ると、人ではなく場所が並んでいる。その後の女性の発言を聞くと They're in the student center と言っており、この They は academic counselors を指すので、(D) が正解。

34. 解答 C CD 1 37

Question : What does the man say he will do?

質問 ： 男性は何をすると言っているか。

選択肢の訳

(A) Eメールを待つ。

(B) 後でその女性に連絡をする。

(C) 面談の予約を取る。

(D) お金を要求する。

解説

履修カウンセラーに相談することを勧められた男性は、最後の発言で、I'll send them an e-mail to make an appointment with someone there. と言っている。したがって、(C) が正解。e-mail は男性から送るので (A) は間違い。

Questions 35-38 CD 1 38

スクリプト

Listen to students talk about a charity event.

M : My university club is holding a charity dinner next week. All the money we raise will be donated to low-income families. Would you like to help us out?

W : It sounds interesting, but I wouldn't be any good in the kitchen because I can't cook or anything.

M : That's no problem. You don't need to cook. I suggest you help us set up the chairs and tables or serve food to attendees in the dining areas.

W : I could do that. When is it being held?

M : It'll be in Charleston Hall on November 17, from 6:00 P.M. to 10:00 P.M. You'd have to arrive by 4:00 P.M. to help us set up for it, though.

W : Sounds good. Could I sign up for it now?

M : Jenny Carter is actually in charge of volunteers. I'll see her after school today at our planning committee. I'll give her your e-mail and phone number and she'll contact you today or tomorrow.

W : I'll look forward to it!

訳

チャリティー・イベントについての学生の会話を聞きなさい。

男性 : 僕が所属する大学のクラブで来週、チャリティー・ディナーを開催するんだ。集めたお金はすべて低所得の家庭に寄付されるんだよ。手伝ってくれない？

女性 : おもしろそうだけど、私は料理も何もできないから、厨房で役に立てることはないわ。

男性 : それは大丈夫だよ。料理をする必要はないよ。いすやテーブルの配置をするか、食堂で参加者に給仕するのを手伝ってもらうのはどうかな。

女性 : それなら私にもできるわ。いつ開催されるの？

男性 : 11月17日の午後6時から10時まで、チャールストン・ホールで開催されるよ。でも、準備も手伝ってもらいたいから、午後4時までに到着していてほしいな。

女性 : わかったわ。今、登録できるのかしら。

男性 : ジェニー・カーターが実際、ボランティア担当者だよ。今日の放課後、計画委員会で彼女に会う予定なんだ。彼女に君のEメールと電話番号を伝えるから、今日か明日、彼女から君に連絡をしてもらうよ。

女性 : 楽しみだわ！

35. 解答 D CD1 39

Question : Why is the man's club holding a fundraiser?

質問 ： 男性のクラブが資金集めのイベントを催すのはなぜか。

選択肢の訳

(A) 新入生を援助するため。
(B) 新しいクラスの机やいすの支払いをするため。
(C) 大学構内の食堂を改良するため。
(D) 貧しい家族を支援するため。

解説

fundraiser とは「資金集めのための催し」のこと。男性の最初の発言で、My university club is holding a charity dinner と言っており、この charity dinner が fundraiser に該当する。その後、All the money we raise will be donated to low-income families. と集めたお金の使い道を述べている。したがって、low-income families を poor families と言い換えている (D) が正解。

36. 解答 B CD1 40

Question : How does the man say the woman may help?

質問 ： どのようにして女性が手伝うことができるかもしれないと男性は言っているか。

選択肢の訳

(A) 出席者の登録で。
(B) 料理の給仕で。
(C) 料理で。
(D) 志願者の管理で。

解説

料理も何もできないと言う女性に、男性は2つ目の発言で、You don't need to cook. と言っているので、(C) は除外できる。その後、I suggest you help us set up the chairs and tables or serve food to attendees in the dining areas. と言っているので (B) が正解。

37. 解答 D CD 1 41

Question : When does the fundraiser end?

質問 ：資金集めのイベントが終わるのはいつか。

選択肢の訳

(A) 午後4時。

(B) 午後6時。

(C) 午後8時。

(D) 午後10時。

解説

選択肢に時間が並んでいるので、できれば先にそれを見て、時間に関する発言に注意して聞くようにしたい。男性の It'll be ... on November 17, from 6:00 P.M. to 10:00 P.M. を聞き取れれば、チャリティー・ディナーが終わるのが午後10時とわかる。したがって、(D) が正解。

38. 解答 A CD 1 42

Question : Where will the man send the woman's contact details?

質問 ：男性が女性の連絡先を送るのはどこか。

選択肢の訳

(A) クラブの会員へ。

(B) 厨房の管理者へ。

(C) 大学教授へ。

(D) 会員委員会へ。

解説

手伝ってもいいと言う女性に、男性は最後の発言で Jenny Carter is actually in charge of volunteers. と、実際にボランティアを担当しているのは Jenny Carter だと言い、彼女に女性の連絡先を伝えて連絡させると言っている。I'll see her ... at our planning committee. と言っていることから、Jenny Carter は彼の所属するクラブの計画委員会の仲間だということがわかる。したがって、(A) が正解。

Part C 解答・解説 問題は「別冊①」の9ページより

CD 1 43　CD 2 43

パート C

指示文：パートCでは、いくつかの短い話が流れます。それぞれの話の後、質問がいくつか流れます。話と質問は1度しか流れません。

質問を聞いた後、テストブックにある4つの選択肢を読みなさい。そして、最も適切な答えを選びなさい。最後に、解答用紙にある選択肢の番号で、正解に該当するもののマーク欄を塗りつぶしなさい。

それでは例題です。
音声では以下の部分が流れます。

N : Listen to an instructor talk to his class about an online post.

M : I want to tell you about a Web site that you should all visit, universe101.org. This is a great place to learn about stars, comets, planets and other cosmic phenomena. A new post appeared there today about the sun, written by physics professor Jessica Watts. She explains how and why the sun formed, its role in our solar system, and how it impacts Earth in ways ranging from orbital position to climate conditions. The post includes amazing new satellite images, along with computer graphics that are quite impressive. It ties to course material that we will be studying later on this semester.

Question : What is the main purpose of the online post?

ナレーター：講師が授業で、あるインターネットでの投稿について話すのを聞きなさい。

男性：皆さんにぜひ見てもらいたい、あるウェブサイトについて話したいと思います。universe101.org です。これは、恒星や彗星、惑星、その他の宇宙で見られる現象について学ぶことができるすばらしいサイトです。今日新たに掲載された投稿は太陽に関する記事で、物理学の教授であるジェシカ・ワッツ氏が執筆しました。彼女は、太陽が成り立った経緯とその背景、太陽系における太陽の役割、そして地球の軌道位置から気象条件に至るまで太陽がいかに影響を及ぼすかについて説明しています。記事には、すばらしい新たな衛星写真と、非常に印象的なコンピューターグラフィックスも含まれています。今学期にこれから学習する題材と関係があります。

質問：そのインターネットでの投稿の主な目的は何か。

テストブックには以下の選択肢があります。

(A) ある有力な物理学教授を紹介するため。
(B) 宇宙に関するある理論を発表するため。
(C) 太陽のさまざまな側面を考察するため。
(D) 衛星からの新しい写真を調査するため。

「そのインターネットでの投稿の主な目的は何ですか」という質問に対して最も適切な答えは (C) の「太陽のさまざまな側面を考察するため」です。したがって、正しい選択肢は (C) です。

メモを取ったりテストブックに書き込みをしたりしてはいけないことに注意してください。

Questions 39-42 CD 1 44

スクリプト

Listen to a talk about sports.

Sports have always been a big part of American history. The sports figure who probably had the biggest effect on the issue of race in America was professional baseball player Jackie Robinson. Before Robinson, only whites played in Major League Baseball while blacks played in the Negro Leagues, with teams from the two organizations meeting only in occasional exhibition games.

Robinson became the first African American to break this color barrier, signing with the Brooklyn Dodgers in 1947. The team's owner, Branch Rickey, had been looking for a black player for some time. He most wanted one who was patient. That's because Rickey knew the first black player in the majors would be verbally insulted by fans and opposing teams.

Rickey considered several players from the Negro League, finally settling on Robinson after gaining a promise from him that he would remain calm no matter what was said to him during games. With the entire nation watching Robinson's signing, it became a test case for race relations and racial tensions.

As Rickey had predicted, fans and opposing teams hurled vicious taunts at Robinson as he played, but the athlete kept his promise not to retaliate. Indeed, he went on to win the Rookie of the Year and later the Most Valuable Player awards. Afterwards, Black and Hispanic players surged into the Major Leagues. One effect of this was the eventual collapse of the Negro League as its best players left.

訳

スポーツに関する話を聞きなさい。

スポーツは常にアメリカの歴史の大きな部分を占めてきました。アメリカの人種問題におそらく最も大きな影響を与えたスポーツ選手は、プロ野球選手のジャッキー・ロビンソンでしょう。ロビンソン以前は、メジャーリーグの試合に出られるのは白人のみで、黒人はニグロリーグで試合を行っており、2つの団体のチームはときおり行われる公開試合で顔を合わせるだけでした。

ロビンソンは、1947年にブルックリン・ドジャースと契約を結ぶことで、この人種差別の壁を初めて打ち破ったアフリカ系アメリカ人となりました。このチームのオーナー、ブランチ・リッキーは以前からずっと黒人選手を探していました。彼が最も求めたのは忍耐強い黒人選手でした。なぜなら、メジャーリーグでプレーする最初の黒人選手はファンや対戦チームから言葉で侮辱されるだろうとリッキーはわかっていたからです。

リッキーはニグロリーグから複数名の選手を検討し、試合中は何を言われようと冷静さを保つという約束を得て、最終的にロビンソンに決定しました。国全体がロビンソンの契約に注目する中、この契約は人種間関係と人種間の緊張関係に関する初めての試みとなりました。

リッキーが予想していたとおり、ファンと対戦チームはロビンソンが試合に出ると彼に向かって悪意に満ちた嘲笑を浴びせましたが、その選手はやり返さないという約束を守りました。それどころか、彼はプレーを続けて新人王を獲得し、後には最優秀選手賞をも獲得したのです。その後、黒人選手やヒスパニック系選手がメジャーリーグに押し寄せることになりました。この結果の1つとして、優秀な選手たちがいなくなって、ニグロリーグは最終的に崩壊しました。

39. 解答 B CD 1 45

Question : What is the talk mainly about?

質問 ： この話で主に語られていることは何か。

選択肢の訳

(A) 人気のゲームをプレーする方法。

(B) アメリカ史における出来事。

(C) 優勝決定シリーズの起源。

(D) リーグの主要チーム。

解説

パッセージは、アメリカのメジャーリーグで最初の黒人選手となったジャッキー・ロビンソンについて述べている。それは (B) にあるように、アメリカの歴史上の1つの出来事であると言える。(A)、(C)、(D) はいずれも本文とは関係がない。

40. 解答 C CD 1 46

Question : What feature did Branch Rickey want most in an African American player?

質問 ： ブランチ・リッキーがアフリカ系アメリカ人選手に最も求めた特徴は何か。

選択肢の訳

(A) 得点を挙げる能力。

(B) ブルックリンで試合をする意向。

(C) 侮辱に耐える積極的意思。

(D) 相手選手に関する知識。

解説

Branch Rickey の名前は、黒人選手を探していたドジャースのオーナーとして登場する。続いて、He most wanted one who was patient. と説明している。patient は「忍耐強い」という意味で、黒人選手がファンや対戦相手から受けると予想された侮辱に耐えることを指す。(C) が正解。

41. 解答 C

CD 1 47

Question : Why was Jackie Robinson's signing with the Dodgers watched so closely around the country?

質問 : ジャッキー・ロビンソンとドジャースの契約が国中でそれほど注目された理由は何か。

選択肢の訳

(A) 大金が関与していたため。

(B) それによってファンがおとなしくなったため。

(C) 人種関係に影響したため。

(D) 裁判によって決められていたため。

解説

Robinson's signing を含む文は、it became a test case for race relations and racial tensions. で結ばれている。つまり、人種問題としての関心が非常に高かったということで、選択肢の (C) がこの内容と一致する。

42. 解答 D

CD 1 48

Question : According to the speaker, what was a result of blacks and Hispanics entering Major League Baseball?

質問 : 話し手によると、黒人とヒスパニック系選手がメジャーリーグに参加した結果はどれか。

選択肢の訳

(A) 選手が人種差別主義者に報復措置を取った。

(B) 白人のファンが黒人選手を侮辱するのをやめた。

(C) より多くの新人がより高額の収入を得るようになった。

(D) ニグロリーグが崩壊した。

解説

blacks and Hispanics entering Major League Baseball について述べられているのは最後の2文のみ。1文目は黒人とヒスパニック系選手がメジャーリーグに押し寄せたという内容で、それに続く文では One effect of this was ... とその影響が説明されている。the eventual collapse of the Negro League を動詞の collapsed を使って言い換えている (D) が正解。よい選手がメジャーリーグに行ってしまったので、ニグロリーグが存続できなくなったということである。

Questions 43-46 CD 1 49

スクリプト

Listen to a talk about saltwater crocodiles.

The saltwater crocodile is the largest reptile on Earth and can survive in either saltwater or freshwater. It can be found from the eastern coast of India down through the Southwest Pacific to Australia. The animal has a special ability to use tides and currents to populate areas throughout this region.

Scientists had originally theorized that the animal had come to inhabit such a wide area by swimming. However, with its short legs, the saltwater crocodile is actually a poor swimmer. Scientists now know that the animal floats instead of swims, conserving its energy as it covers very long distances.

The reptile waits patiently on a coast until it senses currents have shifted in a direction that it wants to go. When it enters the water, it is carried along by that current. If the current shifts, the crocodile will exit the current until it resumes its original direction. The crocodile will then reenter the water.

The saltwater crocodile also has a strong sense of tidal movements. The animal can sense when tides are highest and will overflow small dikes or other water barriers. That overflow will contain large amounts of fish concentrated in a small space. Saltwater crocodiles will travel up to 100 kilometers, congregating in large groups at the highest tide just in time for that overflow. Then, they can consume as many fish as they can catch.

Scientists are still unclear as to what gives the saltwater crocodile its strong sense of tides and currents but the ability clearly serves it well.

訳

イリエワニに関する話を聞きなさい。

イリエワニは地球上で最も大きな爬虫類で、海水と淡水のどちらでも生き延びることができます。インドの東海岸から南西太平洋を通ってオーストラリアにかけて見られます。この動物は、この地域一帯に生息するために潮の干満と海流を利用する特殊な能力を持っています。

科学者たちの理論はもともと、この動物はこのような広い領域に住むために泳いできたというものでした。しかし、イリエワニは脚が短いため、実際は泳ぎが得意ではないのです。科学者たちは今では、この動物は泳ぐのではなく漂って、とても長い距離を移動するときにエネルギーを節約するということを知っています。

この爬虫類は、進みたい方向に海流が変わるのを感知するまで、海岸で辛抱強く待ちます。海に入ると、その海流に乗って運ばれていきます。海流の方向が変わると、もともと進みたい方向に再び海流が変わるまでの間、ワニはその海流を抜け出します。そして変わったらまたその海流に入るのです。

イリエワニはまた、潮の動きに対する強い感覚を持っています。この動物は、潮が最も高くなり小さな堤防やその他の水を防ぐ壁を越えるときを、感知することができます。この氾濫した海水には狭い空間に大量の魚が密集して含まれています。イリエワニは最長で100キロメートルもの距離を、満潮時に大群となって、氾濫に合わせて移動します。そして、捕獲できるだけたくさんの魚を摂取します。

イリエワニが潮の干満と海流に対する強い感覚をどのようにして得ているのか、科学者にもいまだにわかっていませんが、この能力は明らかに役立っています。

43. 解答 A CD 1 50

Question : What is the talk mainly about?

質問 ： この話で主に語られていることは何か。

選択肢の訳

(A) ある種の特性。

(B) 動物の交尾の習性。

(C) 自然保護。

(D) 地質学的変化。

解説

パッセージは始めから終わりまで saltwater crocodile に関するものである。彼らがどのようにして長い距離を移動し、潮の動きに対する強い感覚を利用するかという内容なので、(B)、(C)、(D) ではなく、(A) が正解。

44. 解答 C CD 1 51

Question : Where may saltwater crocodiles be found?

質問 ： イリエワニが見られるかもしれないところはどこか。

選択肢の訳

(A) 北西太平洋。

(B) アフリカ地域。

(C) オーストラリアの一部。

(D) アメリカの東海岸。

解説

最初の方の It can be found ... に続いて、生息場所が述べられている。from the eastern coast of India down through the Southwest Pacific to Australia「インドの東海岸から南西太平洋を通ってオーストラリアにかけて」なので、選択肢の (A)、(B)、(D) は地理的に間違い。(C) が正解。

45. 解答 B CD 1 52

Question : According to the speaker, how do saltwater crocodiles move across long distances at sea?

質問 ： 話し手によると、イリエワニはどのようにして海で長距離を移動するのか。

選択肢の訳

(A) 水中を泳いで。
(B) 海流に乗り漂って。
(C) 強い脚を用いて。
(D) 他の動物についていくことで。

解説

saltwater crocodiles の移動の仕方については、第2段落と第3段落で述べられている。a poor swimmer とあるので、泳ぐのではない。it is carried along by that current とあることから、海流に乗って漂うのだということがわかる。したがって、(B) が正解。

46. 解答 D CD 1 53

Question : Why do saltwater crocodiles sometimes congregate at dikes?

質問 ： イリエワニがときおり堤防に集まるのはなぜか。

選択肢の訳

(A) 壁を倒すため。
(B) 氾濫した水に乗って海に出るため。
(C) 繁殖に専念するため。
(D) 魚をできるだけ多く捕らえるため。

解説

congregate という語が聞こえるのは最後の方。その前に when tides are highest and will overflow small dikes とあり、その overflow には大量の魚が集まっていると説明されている。そして、they can consume as many fish as they can catch と述べられているので、この内容と一致する (D) が正解。

Questions 47-50 CD 1 54

スクリプト

Listen to a talk about course selection.

I want to welcome you to this orientation. Every semester, some students call, visit or e-mail our academic counseling office to get recommendations on classes. They want to find out which classes are optional and which are mandatory. Before you do that, please listen to what I have to say. As you should know, the university has a core curriculum that every student must take. It includes English 101, American History 103, Ethics 150 and several other classes. The core curriculum also requires completion of 10 hours of community service.

Also, some courses must be completed within a certain timeframe. As an example, English 101 must be completed within your first year at the university. On the other hand, the community service requirement can be fulfilled any time prior to graduation.

The majors you eventually choose will have their own list of required and optional courses. I can't go into detail about those because of our time limitations today. I recommend that you visit the school Web site to look over both our core curriculum and the required and optional courses in your major — that is, if you've chosen a major already. Then, meet an academic counselor to make a tentative course schedule.

訳

科目選択に関する話を聞きなさい。

当オリエンテーションにお越しいただきありがとうございます。毎学期、科目に関する助言を得ようと、私たち履修相談室あてに電話や訪問、Eメールなどをする学生がいます。彼らが知りたいのは、どの科目が選択で、どの科目が必修なのかということです。そうする前に、私が言わねばならないことがありますので、ぜひ聞いてください。みなさんおわかりでしょうが、当大学には全学生が履修しなければならない必修カリキュラムがあります。それには、英語101、米国史103、倫理学150やその他いくつかの科目が含まれます。必修カリキュラムにはまた、10時間の社会奉仕活動の遂行も必要です。

それから、一定の期間内で修了しなければならない科目もあります。例えば、英語101は大学1年目で修了しなければなりません。一方で社会奉仕活動の要件を満たすことは、卒業前であればいつでも結構です。

みなさんが最終的に選択する専攻には、それぞれその専攻独自の必修科目と選択科目があります。今日は時間が限られているので、それらについて詳細に触れることはできません。学校のウェブサイトにアクセスし、必修カリキュラムと、自身の専攻での必修科目と選択科目、つまりこれはもうすでに専攻を決めている場合ですが、その両方に目を通すことをお勧めします。それが済んだら、暫定的な科目スケジュールを組むために、履修カウンセラーに会ってください。

47. 解答 C CD 1 55

Question : What does the speaker say some students do every semester?
質問 ：話し手は、毎学期、何をする学生がいると言っているか。

選択肢の訳

(A) オリエンテーションに登録する。
(B) 必修講義を途中でやめる。
(C) 相談室に連絡する。
(D) 科目に関する助言を無視する。

解説

学生が毎学期することについては、冒頭で Every semester, some students call, visit or e-mail our academic counseling office to get recommendations on classes. と言っている。call「電話をする」、visit「訪ねる」、e-mail「Eメールを送る」の相手は our academic counseling office。これらの行動を contact「～と連絡を取る」と言い換えている (C) が正解。

48. 解答 B CD 1 56

Question : According to the speaker, how many hours of community service must be completed before graduation?
質問 ：話し手によると、社会奉仕活動は卒業前に何時間遂行されなければならないか。

選択肢の訳

(A) 5時間。
(B) 10時間。
(C) 100時間。
(D) 150時間。

解説

事前に選択肢を見ておいて、数字が問われることを意識して聞けるとよい。community service については、中程で、The core curriculum also requires completion of 10 hours of community service. と言っているので (B) が正解。Ethics 150 などの数字にまどわされないこと。

49. 解答 A　CD1 57

Question : What is said about course majors?

質問 ： 専攻科目について述べられていることは何か。

選択肢の訳

(A) それぞれ独自の必修科目がある。

(B) 1年目の間に選択されなければならない。

(C) 必修カリキュラムよりも重要である。

(D) 別のオリエンテーションで話があるかもしれない。

解説

course majors については、後半で The majors ... will have their own list of required and optional courses. と言っている。「それぞれその専攻独自の必修科目と選択科目がある」ということなので、(A) が正解。1年目の間に選択しなければならないのは、English 101 などの科目なので (B) は間違い。(C)、(D) については述べられていない。

50. 解答 D　CD1 58

Question : Why are listeners directed to a Web site?

質問 ： 聞き手がウェブサイトへのアクセスを指示されているのはなぜか。

選択肢の訳

(A) オンライン授業を受けるため。

(B) カウンセラーについての評価を投稿するため。

(C) 出席の時間を確認するため。

(D) 履修選択を見直すため。

解説

Web site を含む文は最後の方にある。I recommend that you visit the school Web site とあり、その理由は to look over both our core curriculum and ... なので、(D) がこの内容と一致する。(A)、(B)、(C) についてはいずれも述べられていない。

Structure 解答・解説 問題は「別冊①」の12ページより

Structure

指示文：セクション2の問題1–15は不完全なセンテンスです。それぞれのセンテンスの下に、(A)、(B)、(C)、(D)の4つの語句が与えられています。これらの中から、センテンスを完成させるのに最も適切な語句を1つ選びなさい。そして、解答用紙にある選択肢の番号で、正解に該当するもののマーク欄を塗りつぶしなさい。

例題

「石油は、国際市場における希少性、________高い価格から、『黒い金』と呼ばれてきた」

(A)　どちらかの

(B)　どちらもない

(C)　そして

(D)　あるいは

このセンテンスは正しくは、"Oil has been called *black gold*, because of both its scarcity and high value in global markets."（石油は、国際市場における希少性、そして高い価格から、『黒い金』と呼ばれてきた）となります。したがって、正解は(C)です。

それでは問題を始めてください。

1. 解答 B

1980年代までには、アメリカの大規模投資会社は株を評価するために、数学者、物理学者、コンピューター科学者にかなり依存していた。

解説 **<派生語>**
空所の前には a という冠詞があり、significant は形容詞なので、空所には名詞が入ると判断できる。したがって、「依存」という意味の名詞 (B) が正解。

2. 解答 B

ゴムなどの疎水性物質は水をはじく性質があるため、パイプの水漏れを防ぐのに役立つ。

解説 **<結果を表す副詞>**
A hydrophobic ... rubber までが主部。making 以下は分詞構文で、前半部分の結果が後半であることを表している。したがって、空所には前半と後半をつなぐ言葉が入ると判断できる。選択肢で (A) と (D) は、文法的にも意味的にも、前半と後半をつなげる語として不適切。前半の意味と後半の意味を考えると、(B) がこの文には適切。

3. 解答 C

結婚の法律は、婚姻状態をすぐに認める州もあれば、待機期間を要求する州もあり、アメリカ全土で異なっている。

解説 **<動詞 vary>**
コンマ以下では、接続詞 as に続いて some states ～ while others ... と、2つの異なる例が述べられている。したがって、空所に入る動詞は「変化する、多様である」という意味の (C) vary が正解。

4. 解答 B

石炭、石油、それに原子力エネルギーは、1つには費用効率が高いという理由で、世界の大部分の電力供給を担い続けている。

解説 **<派生語>**
continue が動詞なので、Coal, oil ... から空所までが主部。選択肢は (A)「～に活力を与える」(動詞)、(B)「エネルギー」(名詞)、(C)「活動的に」(副詞)、(D)「活動的な」(形容詞) であり、主語として名詞 (B) を入れるのが適切。

5. 解答 B

ナポレオン戦争は、ヨーロッパを再建した国家主義と共和主義の力を解き放った。

解説 <関係代名詞>

この文にはまず S (The Napoleonic Wars)＋V (unleashed)＋O (forces) の形が出てくる (of nationalism and republicanism は forces を修飾している)。空所の後にまた動詞 reshaped があるので、その前に主語となるものが必要。文の前半と後半を結びつけるものとして、forces of nationalism and republicanism を受ける関係代名詞が入ると判断する。

6. 解答 B

「組織の記憶」とは組織とその職員の共有する経験を指す。

解説 <派生語>

空所の前に the があり、空所の後に experience という名詞があるので、空所には experience を修飾する語が入る。(C) は「集合的に」という意味で副詞、(D) は「～を集める」という意味で動詞なので名詞を修飾しない。また、(A)「収集家」は collector's と所有格にしなければ experience を修飾することはできないので、形容詞の (B) が正解。

7. 解答 C

ムーアの法則では、いくつかの中核技術の要素の定期的発展に基づき、半導体の性能が2～3年ごとに倍増すると予測している。

解説 <based on ～>

空所の後に on があることに注目する。(A) や (B) は後に on があるのが不自然。(D) は後に on を取ることもあるが、send on ～「～を転送する」では意味が合わない。(C) は based on ～で「～に基づいて」という意味になり、文脈に合うので、これが正解。空所からコンマまでは、Moore's Law 以下を修飾する副詞句。

8. 解答 A

イギリスとフランスを結ぶトンネルの建造に携わる作業員が操作した機材は数メートルの高さの巨大ドリルも含んでいた。

解説 **<過去分詞>**

building the tunnel は crews を、connecting ... France は tunnel をそれぞれ修飾している。つまり、Equipment ... France が主部で、included が動詞である。選択肢から空所に入るのは動詞だと判断できるが、それは Equipment を修飾する形になる。空所の後に by があるので、受身を表す過去分詞が正解。

9. 解答 B

ソノグラムは患者の体内画像を記録するために音波を用いる。

解説 **<名詞 image>**

sonogram が患者の内部の何を記録するかを考える。選択肢の中で、(A)「見る人、視聴者」、(C)「見る人、観察者」、(D)「内科医」は record の対象とはならない。(B) はここでは日本語の「イメージ」という意味ではなく、「像」のことなので、これが正解。

10. 解答 B

暗黒物質は十分に解明されていないが、宇宙のかなりの割合を構成しているかもしれない。

解説 **<派生語>**

空所の前に may という助動詞があるので、空所に入るのは動詞だとわかる。選択肢は (A)「合成の」(形容詞)、(B)「～を構成する」(動詞)、(C)「作曲家」(名詞)、(D)「落ち着き」(名詞) なので、(B) が正解。目的語は a substantial percentage of the universe。

11. 解答 B

政府が経済において強い役割を果たすべきかどうかを論じる経済学者は古典派経済学者であり、それに対応するのはケインズ主義者として知られる。

解説 **<目的語に whether 節をとる動詞>**

目的語が whether に導かれる名詞節であることに注目する。(A) と (C) は目的語に名詞節をとらず、また (D) も、that 節を目的語にすることはあるが whether はないので、誤り。(B) は whether に導かれる名詞節を目的語にすることがあるので、これが正解。whether は「～かどうか」という意味で、後に or not がくる場合もある。

12. 解答 C

アメリカ独立戦争の間、フランスとスペインは当初関与することに慎重であったが、最終的には、アメリカ軍に武器、資金、軍事部隊、訓練を提供した。

解説 <再帰代名詞>

involve は「～を巻き込む、関与させる」という意味の動詞。アメリカ軍を支援する際に France and Spain が何を巻き込むことに慎重であったかを考えると、「自分たち自身を巻き込む」ことだと推測できるので、(C) が正解。

13. 解答 C

ライオンはオスの大人1頭、メス数頭で構成される1つのグループもしくは「群れ」を持つ、社会的動物である。

解説 <付帯状況の with>

with は前の部分に対して「付帯状況」を表しており、〈with＋名詞＋分詞〉の形になる。したがって空所に入るのは現在分詞または過去分詞。consist of ～の consist は自動詞で、受身の過去分詞にはならないので、現在分詞の (C) が正解。なお、pride は「(ライオンの)群れ」のこと。

14. 解答 B

マリー・キュリーは放射性物質の科学の先駆者であったが、不運にもそれらの物質に過度にさらされたため亡くなった。

解説 <exposure to ～>

these materials は radioactive substances を指すと考えられる。つまり、「これらの物質にさらされすぎたため死亡した」という意味だと判断できる。exposure は名詞で、「～にさらされること」という意味を表す場合は exposure to ～ となる。したがって、(B) が正解。

15. 解答 D

アメリカ合衆国憲法はどのような政治的集中に対しても抑制と均衡を生み出すように作られている。

解説 <形容詞 any>

concentration が単数になっているので、(A)、(B)、(C) いずれも文法的に不適切。意味から考えても、(B) と (C) は不自然。ここでは「いかなる～も」という意味で any が適切である。

Written Expression 解答・解説

問題は「別冊①」の15ページより

Written Expression

指示文：問題16−40の各センテンスには、4つの語句に下線が引いてあります。これらの4つの下線部は (A)、(B)、(C)、(D) と記されています。センテンスが正しくなるように、訂正すべき語句を1つ選びなさい。最後に、解答用紙にある選択肢の番号で、正解に該当するもののマーク欄を塗りつぶしなさい。

例題

「エンクリプション（暗号化）とは、プレーンテキストやその他のデータを安全な暗号に変換する技術のことである」

このセンテンスは正しくは “Encryption is the science of changing plain text or other data into a secure code.” となります。したがって、正解は (D) です。

それでは問題を始めてください。

16. 解答 C 　正しい形 prevent ⟶ preventing

サボテンは、体のどの部分も食べられないようにする鋭いとげによって、動物を阻止できるよう適応してきた。

解説 **<現在分詞の後置修飾>**

この文の主語はThe cactus、動詞は has adapted。with 以下は付帯状況を表す句で、〈with＋名詞＋動詞の分詞〉なので、ここでは (C) prevent を preventing にする必要がある。prevent A from ～ing で「A が～するのを妨げる」の意味。

17. 解答 A 　正しい形 preciously ⟶ precious

金や銀などの貴金属が高く評価される1つの理由は、その均一な構成にある。

解説 **<形容詞と副詞>**

One reason ... are valued がこの文の主部で、動詞は is。reason の後には関係副詞 why が省略されている。preciously metals の部分が why 節の主語になるが、metals は名詞なので、それを修飾するのは副詞ではなく形容詞 precious。precious metal で「貴金属」の意味になる。

18. 解答 C 　正しい形 other ⟶ another

重力は一定なものであるため、1,000キログラムの重さのボールと10キログラムの重さのボールは同じ速度で落下する。

解説 **<one と another>**

異なる重さの2つのボールを比較している。one ball（1,000キロ）に対し、別の1つのボール（10キロ）を other で表現しているが、代名詞 other を単数で用いる場合は冠詞 the をつけるか、another とする必要がある。the other とするのは2つしかないものの「もう一方」あるいは決まった数の中の「残りの1つ」のとき。ここでは「2つしかないもの」を比べているわけではなく、ただボール2つを比較しているだけなので、(C) を another とするのが正解。なお、constant は形容詞として用いられることが多いが、この文では「一定なもの」という意味の名詞。

19. 解答 D 　正しい形 mostly ⟶ more

スパルタという国は、軍に支配されてはいたが、アテネよりもより多くの個人的自由、経済的自由を女性に与えた。

解説 **<比較>**

than に注目する。than の前には比較級が必要なので mostly を more にする。more は personal と economic の2つの形容詞に修飾された freedom にかかっている。なお、Although の後には the nation-state of Sparta was が省略されている。

20. 解答 D 正しい形 it ⟶ its

チーターのやせた体型は非常に速く走ることを可能にするが、その体型のために、しばしば自分たちの捕獲物を奪い取る、より大型のネコ科の動物に対して防御することができない。

解説 <代名詞>
seize it catches の前にある that は cats を先行詞とする主格の関係代名詞。cats「ネコ科の動物」が seize「捕まえる」ものが catches なので、この catches は「捕獲物」の意味の名詞。したがって、it を「チーターの」の意味になるように所有格の its にする。leave it unable to do は「それが～することを不可能にする」、defend oneself against ～ は「～から身を守る」という意味。

21. 解答 A 正しい形 will expand ⟶ to expand [expanding]

宇宙は、銀河間の距離が広がり続けるのに伴い、急速に膨張し続けている。

解説 <continue to do [～ing]>
主語が The universe、動詞が continues の文。動詞の後に助動詞は続かないので (A) が間違い。continue は後にto 不定詞、または動名詞がきて「～し続ける」の意味になる。with は「付帯状況」を表し、ここは〈with＋名詞＋～ ing〉で「(名詞) が～している状態で」という意味。

22. 解答 D 正しい形 hater ⟶ hatred [hate]

小説『アラバマ物語』はアメリカ南部の残酷な、ときに死をももたらす人種的憎悪の本質を暴露した。

解説 <名詞 hatred>
主語が The novel ... で、動詞が exposed「～を暴露した」、目的語が nature「本質、性質」の文。nature を修飾する語句が of 以下だが racial は「人種の」という意味の形容詞で、人を表す hater「憎む人」にはつながらない。「憎しみ」の意味の hatred または hate にするのが適切。

23. 解答 C 正しい形 far low ⟶ far lower

DNA は細胞分裂時、最も正確なコンピューターよりもはるかに低い誤差率で作用し、完ぺきな複製になる。

解説 <比較>
主語が DNA で動詞が replicates「複製を作る」の文。than があるので、どこかに比較級がないとおかしい。far は比較級を強める副詞で「はるかに、ずっと」の意味なので、その直後の low が比較級 lower になるべきだと判断できる。

24. 解答 B 正しい形 of ⟶ on

ベネチア共和国は潟に囲まれ、社会的格差や宗教的相違に比較的寛容な、自由貿易中心の都市国家であった。

解説 <center on ～>
Set は過去分詞で、Set among lagoons は分詞構文。centered は過去分詞で、centered ... trade は city state を修飾して「自由貿易中心の都市国家」の意味になる。center は be centered on ～で「～を中心としている」の意味になり、前置詞は on になる。

25. 解答 **C** 正しい形 despite ⟶ although [though]

中央情報局（CIA）は、連邦法執行機関と情報を共有しているが、米国内で活動することを法律で禁じられている。

解説 **<前置詞と接続詞>**

it shares information は主語と動詞のある節なので前置詞の despite「～にもかかわらず」を使うことはできない。despite ではなく接続詞 although [though]「～であるけれども、～にもかかわらず」にする。

26. 解答 **C** 正しい形 plenty ⟶ plentiful

動物が渡りをするのには、より豊かなえさ場の探索や交配など、多くの理由がある。

解説 **<名詞と形容詞>**

plenty は「多数、多量、豊富さ」という意味の名詞で、後の feeding grounds「えさ場」を修飾することはできない。ここは「多産の、豊かな」の意味になる形容詞 plentiful にする。

27. 解答 **A** 正しい形 caused ⟶ made

ボーア戦争は小国に対する正当な理由のない攻撃と思われたため、イギリスにおいて帝国主義を論争に巻き込んだ。

解説 **<make>**

動詞 caused の後が、名詞（imperialism「帝国主義」）＋形容詞（controversial「議論を呼ぶ、物議をかもす」）であることに注意。cause はこの形をとらない。「ボーア戦争が帝国主義を議論の的にした」という意味にするのは made。〈make＋名詞＋形容詞〉で「（名詞）を（形容詞）にする」の意味。cause は cause A B「A に B をもたらす」のように用いる。

28. 解答 **D** 正しい形 late ⟶ later

アメリカの企業の組合組織率は1950年代の約40%という高い割合から、その60年後にはそのごくわずかにまで減少した。

解説 **<late と later>**

late は形容詞で「遅れた」の意味。ここは「60年後には」という意味と考えられるので、「後で」の意味の副詞 later にする。a fraction of ～ は「ごく少量の～」という意味。that は a high of about 40% を指す。

29. 解答 B 正しい形 which ⟶ when

「青年トルコ人 (組織内の過激分子)」という言葉は、ケマル・アタテュルクを最高位とするトルコの役人らが政権を握った1920年代にさかのぼる。

解説 **<関係副詞 when>**
which は関係代名詞。which の後は主語 (Turkish officers)、動詞 (seized)、目的語 (power) があり文が成立しているので、which ではおかしいとわかる。which の前は the 1920s で、時を表しているので、関係代名詞ではなく関係副詞 when を用いれば正しい文になる。

30. 解答 D 正しい形 theirs ⟶ their

アリは触角の中にある化学物質を伝達することで情報を交換する。

解説 **<代名詞>**
theirs は「彼らのもの」の意味の所有代名詞で、後に名詞はこない。ここは後に名詞 antennae「触角」があるので「彼らの」の意味になる所有格 their にする。their は前にある複数名詞 ants を指している。

31. 解答 C 正しい形 effects ⟶ affects

ハイゼンベルクの不確定性原理では、亜原子粒子を観測することが実際の位置に影響すると明言されている。

解説 **<effect と affect>**
that 節内は SVO の形。observation ... particle が主部だが、動詞の位置にある effect は「効果、結果」という意味の名詞。したがって、effects を動詞 affects「～に影響する」に変える。この2つは形がよく似ているので注意。

32. 解答 C 正しい形 entire ⟶ all (the)

プエルトリコはアメリカの自治領として、ふつうのアメリカの州が持つ特徴を、すべてではないがいくらか持っている。

解説 **<entire と all>**
entire は「(1つのものが) 一体となった形ですべてそろった」という意味で、通常後に単数名詞がくる。features と複数名詞がきているので、「(あらゆるものを含んだ) すべての」の意味の all (the) にすればよい。以下の例を見ると違いがわかりやすい。
He read all the books.「彼は (複数の) すべての本を読んだ」
He read the entire book.「彼はその本を全部読んだ」

33. 解答 C　正しい形 success ⟶ successful

ロジャースとハマースタインは、『オクラホマ！』や『南太平洋』の曲を制作したことで知られる、アメリカで最も多くの作品を残し成功した音楽作家のうちの2人である。

解説 **<名詞と形容詞>**
prolific と success が music writers を修飾している形だが、最上級は〈the most＋形容詞＋名詞〉の形になるのに対し、success は「成功」の意味の名詞なので、music writers を修飾することはできない。ここは形容詞 successful「成功した」とすればよい。

34. 解答 C　正しい形 duration ⟶ during

米国憲法修正第5条は、いかなる裁判や取り調べにおける自己負罪から被告人を保護する。

解説 **<前置詞 during>**
duration は「持続期間、継続」の意味の名詞で、後の any trial or investigation「いかなる裁判や取り調べ」にはつながらない。ここは「～の間中ずっと」の意味の前置詞 during が適切。protect A against B は「A を B から守る」という意味。

35. 解答 D　正しい形 rise ⟶ raise

カッコウは他の鳥の巣にこっそり自らの卵を産み落とし、その鳥に自分の子の養育を任せる。

解説 **<自動詞と他動詞>**
rise は「上がる」という意味の自動詞。ここは後に the creature's offspring という目的語があるので、「～を育てる」の意味の他動詞 raise にする。rise の活用は rise − rose − risen であり、raise は規則動詞で活用は raise − raised − raised となる。

36. 解答 C　正しい形 breaking down ⟶ break down

草食動物は消化のために植物のグルコースを分解できる酵素を持っている。

解説 **<不定詞>**
able は後に〈to＋動詞の原形〉がきて「～できる」の意味になるので、breaking ではなく break とする。break down ～は「～を分解する」という意味。to が問題に出てきたら、前置詞と不定詞を混同しないように注意。前置詞の to は後に（動）名詞（句）がくる。

37. 解答 A　正しい形 maintains ⟶ maintained

ロシアは、主要なヨーロッパ諸国のどの国よりも長く封建制度を維持した国で、19世紀後半になってようやく農民を開放した。

解説 **<時制>**
freeing 以下は分詞構文。分詞構文の部分に in the late 19th century「19世紀後半に」があるので Russia freed「ロシアは開放した」という過去を表していることがわかる。したがって、主節の動詞 maintain も過去時制にする。

38. 解答 C　正しい形 too ⟶ so

白色矮星は崩壊した星の残留物質であり、密度が非常に高いため、そのティースプーン1杯分の重さは何トンにも及ぶ。

解説 **<so ～ that ...>**
文中の that に注目する。文脈から「密度が非常に高いため…だ」という意味になると考えられるが、「とても～なので…だ」の意味を表すのは so ～ that ... なので、too を so に変えればよい。too は too ～ (for A) to do で「とても～なので (A は) …できない」という言い方をする。

39. 解答 B　正しい形 and ⟶ but

世界大恐慌が激化した理由は、株式市場の崩壊だけではなく、複数の大手銀行の破綻もある。

解説 **<not only A but (also) B>**
世界大恐慌が激化した原因を、株式市場の崩壊と大手銀行の破綻の2つとしていることが推測できる。not only があるので、not only A but (also) B「A だけでなく B も」の文と考え、and を but にする。ここでは、A は a stock market collapse、B は the failure of multiple large banks となる。

40. 解答 A　正しい形 Interest ⟶ Interestingly

たいへん興味深いことに、インカ帝国は体の弱い人や高齢者を支援する基本的な福祉国家を提案した。

解説 **<文修飾の副詞＋enough>**
enough は、文修飾の副詞に伴って、「～なことに」という意味を表し、文全体を修飾するが、Interest は「興味」という名詞なので不適切。副詞 Interestingly として「興味深いことに」という意味にする。

リーディング

指示文：セクション3のReading Comprehensionでは、いくつかのパッセージを読みます。それぞれのパッセージの後には質問がいくつかあります。それぞれの質問について最も適切な答えを (A)、(B)、(C)、(D) の中から選びなさい。そして、解答用紙にある選択肢の番号で、正解に該当するもののマーク欄を塗りつぶしなさい。

それぞれの質問には、パッセージ中で与えられる情報だけを用いて答えなさい。

次のパッセージを読みましょう。

アメリカ合衆国についての主要な歴史物語は、北ヨーロッパの人々が大陸の東海岸から西に向かって内陸へと勢力を拡大していったという話だ。しかしながらこの話は、18世紀と19世紀に限ったとしても、かなり不完全なものである。この伝統的な話で見落とされているのは、スペイン帝国やメキシコからの移住者だ。メキシコの人々は、メキシコが北側の領土をアメリカ合衆国に割譲したのを機にアメリカ人になった。この話はさらに、アメリカの西部や太平洋諸島の発展にとって重要だったアジアからの移住者についても見落としている。最後に、伝統的な話では、奴隷として強制的にアメリカ合衆国に連れてこられたアフリカ人、そしてアメリカ先住民の役割が軽視されている。

例題

このパッセージの主旨は何か。

(A) 学者たちは北ヨーロッパ人に関する重要な事実を見落としてきた。
(B) 従来の分析ではアメリカに関するいくつかの歴史的事実が見くびられている。
(C) 移住者はアメリカの経済発展にとって重要だった。
(D) スペイン帝国がアメリカ合衆国に与えた影響について、歴史家たちの意見は一致していない。

このパッセージの主旨は、伝統的な解釈はアメリカの歴史のすべての側面に焦点を合わせてきたわけではなかった、ということです。したがって、正解は (B) です。

それでは問題を始めてください。

Questions 1-10

全文訳

エレノア・ルーズベルトは、アメリカ大統領夫人、ファーストレディーの中でしばしば最も影響力が大きいと考えられている。裕福な家に生まれたが、優雅な家庭の妻になるという彼女の階級の伝統を拒み、代わりに労働組合の結成から国連の世界人権宣言などの国際的な政治協定にまで及ぶ公務に没頭した。

エレノアがこのような運動を支援した方法は、単に彼女と同じ社会的地位にある女性が通常行っていたような演説や慈善事業にとどまらなかった。ニューヨーク州知事、また後に大統領となるフランクリン・D・ルーズベルトの妻としての役割に就く以前、エレノアは現場で陣頭指揮を執る活動家であった。たとえば、彼女は移民たちに踊りや体操を教えた。全国消費者連盟の捜査官としては、低収入労働者の住居、特にしばしば厳しい状況下で衣類の裁縫やプラスチックの装飾品の組み立ての内職を行う女性を訪問した。これらの捜査に基づき、彼女はホワイトラベル運動を推し進めた。ホワイトラベルは、製品が人道的な労働環境で作られたことを確認するものだった。連盟は、このラベルの付いた商品を購入し、それがない商品の購入を拒否するよう消費者に促した。このことにより、企業は労働条件を改善することでホワイトラベルを得ることを余儀なくされた。

こういった類の事業を行っていたので、エレノアは夫の大統領選立候補を支援することについては消極的であった。大統領選のために自分自身の社会的、政治的活動が制限されてしまうのではないかと危惧したのだ。従来、ファーストレディーは教育などあまり議論の起きない分野に公人としての生活を捧げてきたが、エレノアはこれ以上のことをしようと決心していた。

1932年の大統領当選後、彼女の夫は彼女の望みを黙認することになった。ポリオが原因で身体に障害を負ったため、エレノアを世話人としてだけではなく、ホワイトハウス外部から信頼性のある情報を伝える身軽な調査員として頼りにした。さらに、彼は職員のルーシー・マーサーとの不倫の訴えによって評判を落としていた。エレノアはこの疑惑の関係を理由に、離婚を夫に切り出し威圧した。彼女は自身の政治活動において無制限の自由を与えられるという条件でようやく妥協した。

1. 解答 B

このパッセージは何についてのものか。

選択肢の訳

(A) アメリカ合衆国の選挙
(B) 著名な歴史上の人物
(C) アメリカの政治家の比較
(D) 過去の大統領の政策

解説 第1段落第1文に Eleanor Roosevelt についての紹介があり、以降、最後の段落までずっと she はこの人物を指している。したがって、パッセージ全体が Eleanor Roosevelt について書かれたものであるということがわかり、(B) が正解。

2. 解答 A

第2段落で最も広範に論じられているのは次のどれか。

選択肢の訳

(A) 初期の職業上の業績
(B) アメリカへの移住
(C) 移民の生活
(D) 衣料産業への専念

解説 第2段落は、Eleanor Roosevelt の活動について述べられている。結婚する前から彼女が hands-on activist であったと書かれている。その例として、移民に踊りなどを教えたり、貧しい女性を訪ねて彼女たちを助ける活動をしたとある。したがって、選択肢の中では (A) がこの内容に一致する。(B)、(C)、(D) については述べられていない。

3. 解答 C

11行目の grueling という語に最も意味が近いのはどれか。

選択肢の訳

(A) 連続した
(B) ありそうにない
(C) 厳しい
(D) 感情の

解説 この語は conditions を修飾しており、彼女が訪ねた女性たちの置かれた状況を説明している。she visited the dwellings of the working poor とあり、それ以降でも労働者の環境改善に尽力したことが述べられている。総合して考えれば、彼女たちの置かれた状況が厳しいものであったことが想像できる。選択肢の (A)、(B)、(D) はこの文脈に合わない。(C) harsh は「厳しい」という意味でこの文脈に合うので、これが正解。

4. 解答 C

このパッセージによると、エレノア・ルーズベルトは主にどのようにして社会的、政治的課題に関わっていたか。

選択肢の訳

(A) 貧しい人々に基金を贈ることで
(B) 政府を捜査することで
(C) 自ら事例を調査することで
(D) 事業を公平に経営することで

解説 Eleanor Roosevelt が実際に自分で行動して社会的、政治的に活動したことはパッセージ全体を通して書かれているが、特に第2段落で、彼女が貧しい女性の労働現場を訪ねたり、労働者を保護するための運動を始めたりしたことが説明されている。そのことからも、彼女が自分で現場に出かけていって自分の判断で行動してきたということがわかる。したがって、(C) が最も近い。

5. 解答 B

著者はホワイトラベル運動に何の例として言及したのか。

選択肢の訳

(A) 労働者をまとめて組合を編成すること
(B) 企業に対する消費者の反対運動
(C) 新種のプラスチックの創造
(D) 衣料工場の生産量の増加

解説 White Label Campaign について説明されているのは第2段落後半。confirmed a product had been made in humane work environments「製品が人道的な労働環境で作られたことを確認するものだった」ということがポイント。続いて、適切な労働環境で作られていない商品の購入を拒否するよう消費者に促したとあるので、(B) が正解。

6. 解答 D

アメリカのファーストレディーの伝統的役割として、推測できることはどれか。

選択肢の訳

(A) 政策をまとめる手助けを行った。
(B) 独立した社会的役割を確立した。
(C) 弱者を傷つける法律に反対した。
(D) 最も慎重を期する政治的問題は避けた。

解説 このことについては第3段落に取り上げられている。第2文に Conventionally「従来は」として、first ladies had devoted their public lives to non-controversial areas such as education とある。non-controversial とは「議論の起きない」、つまり政治的に差し障りのないという意味である。政治的に議論が起きるようなデリケートな分野で活動すると、大統領夫人として問題になりやすいからである。(D) がこの内容を表現しているので、これが正解。

7. 解答 A

21行目の tacitly という語に最も意味が近いのはどれか。

選択肢の訳

(A) 暗黙のうちに
(B) 一時的に
(C) 無秩序に
(D) わずかに

解説 修飾している動詞が agreed なので、そこから判断して (C) や (D) は不適切。(B) の temporarily は「一時的に」という意味だが、続く文を読んでいくと、一時的に同意しただけではなさそうだということが読み取れる。ここは (A) の「暗黙のうちに」という意味と考えるのが妥当。

8. 解答 D

24行目の compromised という語に最も意味が近いのはどれか。

選択肢の訳

(A) 管理の弱い
(B) 偽って扱われた
(C) 危険を伴って促進された
(D) 恥ずかしいほど暴露された

解説 大統領が不倫で訴えられたという文脈から考えて、(D) embarrassingly は適切な副詞であると判断できる。動詞についても (A)、(B)、(C) のどれもこの文脈に適切とは考えられない。expose は「～を暴く」という意味なので、この文脈に合う。したがって、(D) が正解。

9. 解答 C

最終段落において、著者がルーズベルト大統領について示唆しているのはどれか。

選択肢の訳

(A) 結婚生活を損ねたとぬれ衣を着せられた
(B) エレノアが深刻な病気になる原因を作った
(C) 妻の仕事上の要求を認めた
(D) 家族の政治的意見を軽視した

解説 最後の段落では、President Roosevelt が妻の要求を受け入れるに至った経緯が説明されている。最後の文で、She relented only on condition of being given unlimited freedom in her political work. と述べていて、(C) の内容と一致する。(A) では falsely とあるが、偽りだったとは書かれていないので間違い。(B)、(D) については述べられていない。

10. 解答 D

このパッセージからエレノア・ルーズベルトについての結論として考えられるのは次のどれか。

選択肢の訳

(A) 最終的にルーシー・マーサーを許した
(B) 社会的規制によって目的の達成を妨害された
(C) ファーストレディーになってからは私的に生きることを余儀なくされた
(D) 当時の女性について広く支持された考えに対し反対姿勢を取った

解説 Lucy Mercer のその後については書かれていないので (A) は誤り。(B) については、彼女は慣例などを気にせずにどんどん行動した様子が述べられているので合わない。(C) については、第3段落で正反対のことが述べられているので間違い。(D) の内容が、このパッセージで述べられている Eleanor Roosevelt の描写と一致する。

Questions 11-20

全文訳

眠っている人は2つの主要な段階、急速眼球運動（レム）睡眠と非急速眼球運動（ノンレム）睡眠を経験する。睡眠は「最も深い」眠りであるノンレム段階において始まり、このときは起きるのが非常に難しい。眠っている大人はさらに2回のノンレム段階を経て、レム睡眠に入り、その後ノンレム睡眠に戻って90～110分の完全な睡眠周期が1つ完結する。この2つの睡眠の種類のうち、レムの方が私たちの健康にとってはるかに重要である。

眼球運動の他に、レム睡眠には手足を動かす随意筋系の機能が停止するという特徴がある。聴覚、触覚、その他の感覚も大幅に低下する。基本的に脳は周囲の状況から遮断される。その後それは、外部から邪魔されることなく、その日に受け取ったすべての入力情報を処理する。

レムが始まると、脳は情報伝達電気インパルスであるニューロンを使って整理過程を実行する。レム睡眠の間、脳の一領域である大脳皮質が、私たちが「夢」として経験している方法を用いて、これらのニューロンの分類と整理を開始する。このニューロンの分類過程では広く推論的に接続を行うので、夢の内容が奇妙に感じられることもある。夢は、短期記憶に格納されるが、この短期記憶は定期的に空にされる。そのため、私たちが夢を思い出そうとしても、目覚めた後わずかな時間しか思い出せないのである。夢とは、繰り返しになるがニューロンの分類技法の1つにすぎず、コンピューターのファイル整理のようなもので、忘れられてしまうが、その最終成果物、つまり理解可能な情報は私たちの長期記憶に蓄積されるのである。

科学者たちは以前、レム睡眠でのニューロンの整理と分類の過程がノンレム睡眠では検出されなかったため、ノンレム睡眠は単に身体がくつろいでいる状態だと考えていた。しかし、最近の研究では、ノンレム睡眠でもどうやら軽い水準ではあるが情報を整理していることが確認されている。特に、矛盾している、ストレスが多い、または問題解決といった情報はレム睡眠の間に処理され、一方でより軽めでより楽しい情報はノンレム睡眠の間に処理される。よって、悪夢はレム睡眠のときに生じ、「よい夢」はノンレム段階で見られるのである。レム睡眠がより根本的な問題を分析したり、意見対立を解消したり、もしくは緊急の問題を解決したりすることから、本来は原始人を自然の中の危険から守るための進化的適応だったのかもしれないと科学者たちは理論づけている。

11. 解答 C

このパッセージの主な目的は何か。

選択肢の訳

(A) 覚醒時と睡眠時の脳を比較すること
(B) なぜ人は感情的になるのかを説明すること
(C) 睡眠の2つの主な段階について詳細を述べること
(D) 眠っている人がどのようにして夢を制御できるのか示すこと

解説 第1段落では人間の睡眠の2つのレベルが紹介されており、続いて具体的に REM sleep と NREM sleep について詳しい説明がなされている。したがって、選択肢の中では (C) が最も適切。(A)、(B)、(D) については述べられていない。

12. 解答 B

パッセージによると、レム睡眠の特徴として挙げられていないのは次のどれか。

選択肢の訳

(A) 四肢運動の欠如
(B) 呼吸困難
(C) 眼球の運動
(D) 感覚の低下

解説 REM sleep の特徴は REM sleep is characterized by ... として第2段落で説明されている。a shutdown of the voluntary muscle system は (A)、Hearing, feeling and other senses are substantially reduced は (D) に該当する。また、第1段落第1文から REM は Rapid Eye Movement の略であり、第2段落冒頭で実際に眼球運動があると書かれているので、(C) も述べられている。breathing については述べられていないので、(B) が正解。

13. 解答 A

10行目の It という語が指すものはどれか。

選択肢の訳

(A) 脳
(B) 情報
(C) 環境
(D) 入力

解説 この It の文脈での使い方を見ると、input を manage するものであることがわかる。1つ前の文では主語は The brain で、It はそれを受けていると考えられる。他の語を入れてみても適切なものはなく、(A) が正解。

14. 解答 C

このパッセージによると、大脳皮質の機能の1つとは何か。

選択肢の訳

(A) 脳の注意が逸れるのを防ぐ
(B) 身体の休息時に身体機能を低下させる
(C) 利用可能になるデータを分析する
(D) 外部環境に情報を送る

解説 cerebral cortex について述べているのは第3段落。cerebral cortex は a region of the brain であり、begins sorting and organizing these neurons「ニューロンを分類し、整理する」とあるので、選択肢の (C) と一致する。

15. 解答 A

15行目の speculative という語に最も意味が近いのはどれか。

選択肢の訳

(A) 抽象的な
(B) 無能な
(C) 不可能な
(D) 連続する

解説 問題の単語を含む文の後半で、some dreams may seem bizarre「夢のうちのあるものは 奇妙に思えるかもしれない」と述べられている。その理由が The neuron sorting process makes broad, speculative connections であるから、speculative は bizarre と近いと思われ、ヒントになる。speculative は「あやふやな、推測の」という意味で、(A) が正解。

16. 解答 D

このパッセージによると、眠った人が夢のごく一部しか思い出せないのはなぜか。

選択肢の訳

(A) 短期記憶が睡眠中に停止するため。
(B) 長期記憶の夢の保存には限度があるため。
(C) ニューロンの電気が最終的になくなるため。
(D) 夢の内容が定期的に消去されるため。

解説 夢の記憶については第3段落第5文に This restricts our dream recall to only a few moments after we wake. と述べられている。この主語である This は前文の Dreams are stored in our short-term memory, which is regularly emptied. 全体を指す。つまり選択肢 (D) と一致しているので、これが正解。

17. 解答 B

第3段落において、著者がコンピューターと脳を比較しているのは何を説明するためか。

選択肢の訳

(A) コンピューターは人の脳よりもはるかに正確であること
(B) 取り戻せる情報はデータ整理によって生成されること
(C) 人は夢を見ることができるが電源が入っていない機械はできないこと
(D) 夢はデジタルプログラムと同じように永久ファイルに保存されること

解説 computer と比較しているのは第3段落最後の文。文の骨子は、The dreams ... may be forgotten, but their end product ... is stored in our long-term memory. で、「最終成果物は蓄積される」というのがポイント。その間に挿入されているのが as a computer might organize files で、この as は「～のように」という意味なので、脳の働きとコンピューターの働きの共通点を説明している。したがって、(B) が一致する。

18. 解答 A

28行目の pressing という語に最も意味が近いのはどれか。

選択肢の訳

(A) 緊急の　(B) 詳細な
(C) 奇妙な　(D) 秘密の

解説 修飾している語が problems であることを考えると、(B)、(C)、(D) はあまり適切とは言えない。また、この語を含む文は、analyze more fundamental issues と並列の形で resolve conflicts or solve pressing problems と続いているので、(A) の意味と考えるのが最も自然な流れになる。

19. 解答 D

ノンレム睡眠とレム睡眠が存在する目的としてこのパッセージから推測できるのはどれか。

選択肢の訳

(A) 悪夢を徐々によい夢に展開させること
(B) 睡眠周期が長くなりすぎるのを防ぐこと
(C) 結合して新しい種類のニューロンを生成すること
(D) 異なる種類の脳活動に対応すること

解説 この2種類の睡眠を比較しているのは最終段落。第3文に、information ... is processed during REM sleep, while ... data is organized during NREM sleep とあり、REM sleep と NREM sleep では扱う information や data の種類が違うことがわかる。これは選択肢 (D) の内容と一致するので、これが正解。

20. 解答 C

このパッセージに続く段落で最も述べられる可能性のある内容は何か。

選択肢の訳

(A) 悪夢は目を覚ました後どのようにしてストレスを引き起こすのか。
(B) ノンレム睡眠が長くなると人はどのようにしてより幸せになれるのか。
(C) レム睡眠はどのようにして生き残り戦略の工夫に役立つか。
(D) 人はどのようにして不眠から自身を守ることができるのか。

解説 最後の文では科学者による、REM sleep は evolutionary adaptation かもしれないという推測が述べられている。したがって、これに関する説明が次に来るものと考えられる。選択肢の中では (C) の survival strategies がこの protect early humans from dangers in nature と同じことを述べているので、これが正解。

Questions 21-30

全文訳

産業活動は通常、二酸化炭素やメタンガス、酸化窒素といった汚染物質を生み出す。本来なら反射して宇宙へ戻るはずの太陽放射がこれらの汚染物質に閉じ込められ、気温の上昇を引き起こしている。気温は18世紀中頃、産業革命が始まった頃以降、既に0.8度上昇している。その革命が継続・拡大するにしたがって、汚染の規模は大幅に上昇してきた。これが原因で極地の氷冠は着実に溶けてきており、その冷たい淡水の流出が海面の上昇を引き起こしている。この上昇は2100年までに1メートルもの高さに達するかもしれない。

極地の氷冠の溶解により、水温も高くなってきており、より強力なハリケーンを生み出している。海水温が1℃上昇するとハリケーンの風速が最高で8%上昇し、降水量は18%増加しうる。このような強力な嵐は洪水を伴って、沿岸地域の住宅を危うくすることもありうる。

また、海面上昇によって、海洋生物多様性が減少する。海岸や礁に生息する植物や動物の種は、これらの生息場所が水没すると絶滅してしまう可能性もある。専門家は沿岸水域の生命体でまだ発見されていないものがかなり多くいると推定している。少なくとも人間は、たとえば命を救う薬になるといった、科学的大発見となるこれらの生命体のいくつかを育てる機会を失うだろう。最悪の場合、こうした機会損失が生態系の破滅的な悪循環に陥っていく結末につながる可能性もある。

その上、世界で最も大規模な貿易、投資、生産拠点の多くは、ニューヨーク、ポーツマス、大阪を含めて危険が差し迫る沿岸に位置している。より裕福な都市は、護岸堤防や、海上住宅やさらには海上コミュニティといった浮遊構造物、またその他の技術によって保護されるかもしれない。発展途上の都市はこうした計画のための資金が乏しいかもしれない。影響を受けやすい沿岸地域の住民が内陸部に移り住み、そのような多数の住民に対処する準備ができていない施設を混乱させる恐れがある。今のところこの環境問題に対処するための世界規模の包括的政策は、まだ実施されていない。その一方で、海面は上昇を続けている。

21. 解答 D

このパッセージの第1段落の目的は何か。

選択肢の訳

(A) 定説に異議を唱えること
(B) さまざまな解決法を提示すること
(C) 別の予測を比較すること
(D) 大まかな主張に導くこと

解説 第1段落では、産業活動によって多量の汚染物質が放出され、温暖化が起こるということが書かれている。その結果、極地の氷が溶けて海洋の水位が上がるということである。第2段落以下では、水位上昇がもたらす影響などが詳しく述べられているので、この段落はその導入の役割を果たしていると考えられる。したがって、(D) が正解。

22. 解答 A

第1段落において、著者が産業革命に言及しているのは、何を示すためか。

選択肢の訳

(A) 主要な2つの動向が関連していること
(B) 影響がいまだにわかっていないこと
(C) 歳月を通しモデルが変化していること
(D) 新たな証拠が古い証拠と矛盾していること

解説 Industrial Revolution が出てくるのは、第3文。the middle of the 18th century がどのような時期か説明するために about the time the Industrial Revolution began と述べている。これを気温上昇の基準の時期としているということは、Industrial Revolution が気温上昇と関連があるという意味で、続く第4文でよりはっきりそのことを述べている。この気温上昇の結果、海面が上昇したということなので、(A) が正解。

23. 解答 A

12行目の tenuous という語に最も意味が近いのはどれか。

選択肢の訳

(A) 不安定な
(B) 実体のない
(C) 謝罪の
(D) 失礼な

解説 この文は S (storms)＋V (could make)＋O (human residence)＋C (tenuous) という構文。「嵐が住宅を～にする可能性がある」という意味なので、嵐が住宅に与える影響を考えればよい。(B)、(C)、(D) では意味が通らないので不適切。(A) が正解。

24. 解答 B

15行目の any number of という語句を置き換えるとしたら最もふさわしいのは次のどれか。

選択肢の訳

(A) ますます
(B) おそらくたくさんの
(C) 極めて重要な
(D) 主に高度に発達した

解説 any は肯定文で使う場合は、「どんな～も、いかなる～も」という意味なので、ここでは「どんな数でもありうる」、つまり、沿岸に生息する未発見の生命体は非常に多数である可能性があるという意味で、(B) が正解。

25. 解答 D

17行目の scenario という語に最も意味が近いのはどれか。

選択肢の訳

(A) 不平
(B) 発見
(C) 計画
(D) 結果

解説 この部分は、Experts estimate that ... に続いており、損失の具体例を挙げている。At a minimum「最小の場合」と対比して、In a worst-case scenario「最悪の場合起こりうること」(= outcome) に関して論じられている。(C) でも文脈的には当てはまるように思えるが、これは「計画されたこと」ではないので、(D) が適切。

26. 解答 C

第3段落において、著者が薬品に言及しているのは何を示すためか。

選択肢の訳

(A) 生物多様性は収益よりも重要であること
(B) 企業が海洋を開発していること
(C) 科学の進歩が実現されない恐れがあること
(D) 医学研究が必ずしも有益ではないということ

解説 lifesaving pharmaceuticals は scientific breakthroughs の一例として挙げられている。(A) の profit や (B)、(D) の内容については述べられていない。(C) の go unrealized は「実現されない」という意味で、薬品が言及されている文の lose the chance と同義。科学の進歩の可能性が失われるとしている (C) が正解。

27. 解答 B

気候変動の結果として著者が述べていないのは次のどれか。

選択肢の訳

(A) 暴風雨の増強
(B) 海上輸送の難しさ
(C) 生命体の生息地への被害
(D) 広まる社会混乱

解説 気候変動の影響については第2段落から第4段落で述べられている。第2段落では much stronger hurricanes より (A)、第3段落では reduce ocean biodiversity より (C)、第4段落では生物学的な影響ではなく、社会的・経済的な影響について述べているので (D) が該当するが、(B) についてはどこにも述べられていない。

28. 解答 D

著者によると、より裕福な沿岸都市に比べ発展途上の都市は、

選択肢の訳

(A) 比較的、洪水の危険性を知らされていない
(B) 比較的低い資本を当てにすることができる
(C) 浮遊構造物よりも護岸堤防を利用すべきである
(D) 著しい過疎化の影響を受ける可能性がある

解説 該当箇所は第4段落。Less developed cities may ... で始まる第3文の後半に、vulnerable populations in these regions may migrate inland とある。つまり、人々が安全な内陸に移住してしまい、海岸沿いの地域の人口が減るという意味なので、(D) の内容と一致する。

29. 解答 B

最終段落において、海面上昇に対する防御として提案されているのは次のどれか。

選択肢の訳

(A) 国際貿易の度合いを下げる
(B) 新しいタイプの住宅地を開発する
(C) 現在の生産高を下げる
(D) 代替エネルギーに投資する

解説 第2文に Wealthier cities may ... という形で新しい技術についての提案が述べられている。be protected by seawalls, floating structures — including floating houses or even floating communities とあるので、選択肢の中では (B) の内容と一致する。他の3つについては述べられていない。

30. 解答 C

このパッセージが支持するのは次のどれか。

選択肢の訳

(A) 経済成長は海水温度の上昇によって停滞している。
(B) 技術による環境問題の解決策はほとんどない。
(C) 海面上昇に対処する世界規模の計画は作られていない。
(D) 工業の中心地は海から遠ざけられるべきだ。

解説 経済については最後の段落で述べられているが、(A) の economic growth について being slowed とは書かれていない。(B) は few が、いくつかの solution について述べている最終段落の内容に反する。(D) についても、Industrial centers について海から遠ざけられるべきだとは書かれていない。(C) は最後から2番目の文 As yet, no globally comprehensive policy has been implemented ... に対応するので、これが正解。

Questions 31-40

全文訳

エネルギーは創造することも破壊することもできないため、形を変えて環境の一部である生態系を巡る。このエネルギーの移動は食物「連鎖」と呼ばれることが多いが、生命体の間には自然の階層や順位が存在しないため「網」の方がより適切な表現である。この網の中の生命体はいくつかのグループに分類することができる。

1つ目は「独立栄養生物」で、これにはたとえば植物や数種のバクテリアや他の単純な生命体も含まれ、光合成によって自身のエネルギーを生成することができる。光合成とは、太陽光を用いて細胞の化学反応を起こし、グルコースと呼ばれる物質を生成する過程である。そしてグルコースは、呼吸という過程を通じて植物を成長させる。光合成の副産物として、植物は動物の生命にとって欠かせない酸素 (O_2) を発する。

「従属栄養生物」、つまり植物を食す生命体と肉を食す生命体の両方を含むこのグループは、他の生命体を摂取することでエネルギーを獲得し、いくつかの種類に分けられる。植物を食す生命体は、草食動物として知られているが、植物からのグルコースをエネルギーに変換する。このエネルギーはアミノ酸という形をとっている。肉を食す生命体、肉食動物は草食動物を摂取することによってアミノ酸を活性化させる。人間やクマなどの雑食動物は動物と植物のどちらを摂取してもエネルギーを獲得することができる。動物は呼吸すると二酸化炭素 (CO_2) を発する。植物はこの CO_2 を太陽光、水、土壌養分と合成し、成長する。

菌類や一部の昆虫などのデトリタス食者は「有害生物」と見なされることが多いが、食物網にとってはまた重要なものである。これらは廃棄物や死んだ生命体を、植物が成長のために利用する生命維持に必要な土壌養分に変質させる。ミミズは、典型的なデトリタス食者であり、ミミズのいる土地0.4ヘクタールにつき、200トンの栄養価の高い肥えた土壌をもたらしてくれる。

31. 解答 D

著者の主な主張は何か。

選択肢の訳

(A) 強い生命体が弱い生命体を摂取する。
(B) 太陽光は強力なエネルギー形態である。
(C) 有機構造と無機構造は均衡が取れている。
(D) さまざまな生命体が互いに依存し合って存在している。

解説 第1段落は food chain または food web についての導入、第2段落以下は「エネルギー」を通してのそれぞれの生物間のつながりについて説明されている。それぞれの種が互いに依存し合って存在しているという内容なので、選択肢 (D) の内容と一致する。

32. 解答 A

第1段落において、著者が食物網と食物連鎖を対比させているのは何を説明するためか。

選択肢の訳

(A) 関わり合う生命体間に明確な順序はないこと
(B) さまざまな生態系は多様な環境に起因するということ
(C) 多種ある生体活動を比較評価するのは困難であること
(D) エネルギーは形を変えるが常に保たれていること

解説 第2文に、a "web" is a better description because there is no natural hierarchy or ranking among its organisms とあるように、food web には「階層や順位がない」。そのことを示すために food web を food chain と対比させている。よって (A) が正解。

33. 解答 B

8行目の excite という語に最も意味が近いのはどれか。

選択肢の訳

(A) 断言する　(B) 刺激する
(C) 区別する　(D) 侵入する

解説 この文を含む文の主語の This はその前文にある photosynthesis を指す。この文は photosynthesis がどのような過程 (process) か説明しており、それは「太陽光を用いて細胞の化学反応を excite し glucose を作る」過程であり、それに合う意味としては (B) が適切。

34. 解答 C

第2段落において、著者が主に論じているのはどれか。

選択肢の訳

(A) 多様な独立栄養生物
(B) 複雑な生物形態に与えるバクテリアの影響
(C) 生命体内の化学反応
(D) 植物にとっての酸素の重要性

解説 第2段落で述べられているのは、生命体を構成する4つの分類のうちの最初の「独立栄養生物」が日光を使ってエネルギーを生産する過程。自分の組織の中に太陽光を取り入れてグルコースを作り出し、その過程で酸素を発生させるという説明なので、(C) の内容と一致する。他の3つについては述べられていない。

35. 解答 B

10行目の byproduct という語に最も意味が近いのはどれか。

選択肢の訳

(A) 損害　(B) 派生物
(C) 支配　(D) 同化

解説 photosynthesis は「植物を成長させる」glucose を作ることであるが、その過程の byproduct として「動物の生命にとって欠かせない」oxygen を作る、という文脈から、byproduct の意味を「副産物」と推測できる。(B) が正解。

36. 解答 C

このパッセージから推論できることはどれか。

選択肢の訳

(A) 動物は呼吸を行うが、植物は行わない
(B) 動物と植物の細胞はほぼ同じである
(C) 生命体はそれぞれ独自の生態学的役割を果たしている
(D) 植物は動物がいなくても容易に存在しうる

解説 (A) は第2段落後半で植物の呼吸について触れられているので誤り。(B) については、言及がない。(D) は、第2、3段落で動物と植物の相互依存が説明されているので、一致しない。(C) については、それぞれの動植物が互いに依存し合い、何らかの役割を果たしながら生きているメカニズムについて問題文全体で説明されているので、これが本文と一致する。

37. 解答 D

16行目の garner という語に最も意味が近いのはどれか。

選択肢の訳

(A) 終える
(B) 応答する
(C) 可能にする
(D) 集める

解説 第3段落では、まず herbivores（草食動物）、次に carnivores（肉食動物）、そして omnivores（雑食動物）がどのようにエネルギーを得るかが述べられている。Omnivores ... can garner energy は “Heterotrophs” ... gain energy に対応すると考えられるので、gain に近いものと判断でき、(D) が正解。

38. 解答 A

このパッセージの論調の説明として最も ふさわしいのはどれか。

選択肢の訳

(A) 実験に基づいた
(B) あいまいな
(C) 批判的な
(D) 皮肉な

解説 特にあいまいな点があるわけでもないので (B) には当たらないし、また、(C) や (D) のような筆者の意見が示されているわけでもない。したがって、(A)「実験に基づいた」が最も適切。

39. 解答 D

20行目の pests という語に引用符がついているのはなぜか。

選択肢の訳

(A) 他の情報源からの引用であるため
(B) このパッセージの他の部分を参照しているため
(C) 新たな理論を強調するため
(D) 一般的ではあるが不適切に利用されている単語であるため

解説 この文には他の文からの引用はないので (A) は不適切。また、文中の他の部分にこの語が使われているわけでもないので (B) も合わない。この語が使われているのは Although に導かれる副詞句であり、それが今後の議論を強調しているとも考えられないので (C) もおかしい。「"pests" と考えられているが、実は…」という文脈から、(D) の意味で使われていると考えるのが妥当。

40. 解答 B

このパッセージに先立つ段落で述べられていると思われることは何か。

選択肢の訳

(A) 自然を守る方法の分析
(B) エネルギー変換の概説
(C) 太陽系における太陽の役割
(D) 人間の生活に必要な食物の種類

解説 第1文は前置きもなく energy について論じている形になっている。エネルギーがどこから来てどこへ行くか、というような内容なので、その前にはエネルギーについての概略的な議論があったものと判断できる。したがって、(B) が正解。

Questions 41-50

全文訳

どんな金融市場においても、ときに思いもよらないことから大きな変化が生じることがある。これについての典型的な例に、それまで安定していた住宅ローン部門から生じた2008年の米国金融危機がある。通常の住宅ローン（抵当権）では、住宅は「担保」、つまりローンが返済される保証としての役割を果たす。債務担保証券（CDO）はさまざまな抵当権が組み合わされた「債権」、言い換えれば市場で売買されうる株式の一種であった。金融格付け機関は、この CDO は信頼性があり安全であると保証した。学者や格付け分析者、アメリカの中央銀行である連邦準備銀行の議長までもが、それ以前に、CDO は安全なだけではなくアメリカにとって有益であると述べていた。2000年代中頃までに CDO 市場は数兆ドル規模にまで成長を遂げた。

しかし、こうした証券は無力な借り手、中には仕事も収入もない者へのローンから成り立っている場合が多かった。このような借り手がどのようにしてローンを返済できるかは不明確であった。加えて、住宅価格が急騰していたので、一部の評論家はこの状態を持続不可能な財政動向を意味する「バブル」と称した。このため、投資家の中には、住宅市場に対して消極的になる者もいた。実際、彼らはこのバブルがはじけると、CDO と住宅市場が崩壊するだろうと予測した。彼らはその予測から利益を得ようと計画を立てた。

彼らは債務担保スワップ（CDS）を購入することでこの計画を実行した。CDS とは、CDO が不履行の場合、つまり、CDO に束ねられたローンが返済されない場合、一方（CDS の売り手）が他方（CDS の買い手）に多額の金を支払うとする合意のことであった。CDS の買い手は、CDS の売り手が損失を受けた場合にのみ利益を得ることができた。

2007年から2008年の間、これらのアメリカ住宅市場に消極的な投資家の予測は大規模に現実のものとなった。非常に多くの住宅所有者が、中には新たな景気後退で突然職を失った者もいて、CDO として束ねられた住宅ローンを返済することができなくなったのだ。その後 CDO は次第に債務不履行となっていった。CDO の債務不履行は、CDS の売り手が CDS の買い手に数千億ドルを支払う義務を負うことを意味していた。これはこうした CDS の売り手のいくつか、ベアー・スターンズやリーマン・ブラザーズといった最大手までをもほぼ一夜にして破産に追い込んだ。同様の結末が同国の多くの最大手金融機関を待ち受けているように思われた。米国政府は最終的にそれらの救済に介入し、その後も長年続く政治的議論を引き起こす結果となった。

41. 解答 A

第1段落の主な目的は何か。

選択肢の訳

(A) 予期せぬ分野からどのようにしてリスクが発生するか説明すること
(B) 住宅ローン申請の段階を示すこと
(C) 金融危機への対応を概説すること
(D) ある株式が他の株式よりいかに価値があるか証明すること

解説 パッセージの主旨 (main idea) を表すことが多い第1文に注目する。その内容は選択肢の (A) とほぼ同じである。第2文以下は第1文の内容を具体的に説明し、さらに実例へと導いている。選択肢の (B)、(C)、(D) はこの内容とは関係がない。

42. 解答 A

第1段落において、CDO に認められた安全性の根拠として述べられていないのは次のどれか。

選択肢の訳

(A) 低購入価格
(B) 格付け会社による承認
(C) 高官の支持
(D) 住宅ローン市場の安定性

解説 Collateralized Debt Obligations についての紹介のあと、(B) については第5文で、(C) については第6文で、(D) については第2文でそれぞれ説明されているが、(A) についてはどこにも述べられていない。したがって、(A) が正解。

43. 解答 B

11行目の instruments という語に最も意味が近いのはどれか。

選択肢の訳

(A) 製品
(B) ローン
(C) 機関
(D) 当局者

解説 these instruments の these は前で述べられていることを指しているので、前の文を見ると、複数名詞は CDOs のみ。また、these instruments were often composed of loans とあるので、instruments は loans からなるもの、すなわち loans の一種である。したがって、(B) が正解。instruments は本来「道具、器具」などの意味だが、「証券、手形」という意味もある。

44. 解答 C

14行目の unsustainable という語に最も意味が近いのはどれか。

選択肢の訳

(A) 不快な (B) 微小な
(C) 一時的な (D) 用心深い

解説 この unsustainable financial trend は “bubble” とコンマでつながれているので、“bubble” を言い換えたものだとわかる。その後で bursting of this bubble とあることから、“bubble” はいずれははじけるものと考えられているので、この unsustainable は「不安定な、持続しない」という意味だと判断できる。したがって、(C) temporary が意味として最も近い。

45. 解答 D

第2段落によると、何人かの投資家が予測したことは何か。

選択肢の訳

(A) 抵当権の数が増えること
(B) バブルは実際には存在しないという証拠
(C) 投資利益への増税
(D) 不動産市場の失敗

解説 投資家の予測について述べられているのは、第5文の they predicted the bursting of this bubble would collapse the CDO and housing markets の部分。collapse の目的語は CDO と housing markets の両方なので、選択肢の (D) が一致する。

46. 解答 C

CDS について正しいのは次のうちどれか。

選択肢の訳

(A) CDS の売却によって得られた資金は CDO に充当するために使われた。
(B) CDS は単に CDO の複合した形態であった。
(C) CDS の買い手はローンが返済されない場合に資金を得た。
(D) ローンで債務不履行に陥った投資家は CDS を購入することができなかった。

解説 CDS については第3段落で述べられている。仕組みを説明しているのは第2文で、CDO のローンが返済されないときに CDS の売り手が買い手に多額の金を支払うシステムであると述べられている。言い換えれば、最後の文にあるとおり、ローンが不払いになると買い手が儲かるということだから、(C) が正解。

47. 解答 B

23行目の scale という語に最も意味が近いのはどれか。

選択肢の訳

(A) 要点
(B) 程度
(C) 時間
(D) 理由

解説 該当箇所である a mass scale に続く文で、破綻に至ったメカニズムと、破綻がどれほどの規模であったかということが説明されている。mass という形容詞からも、この scale が「規模」という意味であることが判断できる。したがって、選択肢の中で scale に最も意味が近い語は「程度」という意味の (B)。

48. 解答 D

最終段落において、著者がベアー・スターンズやリーマン・ブラザーズに言及しているのは、何の証拠を提示するためか。

選択肢の訳

(A) 多くの住宅所有者が不動産に資金を支払いすぎたこと
(B) 予想よりも長期にわたり景気後退が続いたこと
(C) 政府が数社の企業を破産へと追い込んだこと
(D) 大手企業でさえも深刻な財政問題を抱えていたこと

解説 この段落では、2007年から2008年に何が起こったかという説明がなされている。Bear Sterns and Lehman Brothers の名前の前に even the largest such as とあるように、最大手の企業でさえも破産に追いやられた例として挙げられているので、(D) が正解。

49. 解答 B

最終段落において、著者が2007年から2008年の景気後退に言及しているのは、何を示すためか。

選択肢の訳

(A) あらゆる種類の個人が住宅を守るために懸命に働いたこと
(B) 失業により支払いが不可能になった住宅ローンがあったこと
(C) CDO の買い手は景気後退に対し準備ができていなかったこと
(D) CDO 間のローンの収益性が急速に増したこと

解説 破綻の過程の説明の中で、Millions of homeowners — some of them suddenly jobless because of a new recession — were unable to repay their home loans とある。著者が2007から2008年の景気後退に言及しているのは、それにより millions of homeowners が仕事を失い、それがローンの支払いを不可能にしたという事実を述べるためで、選択肢の中では (B) が内容として一致する。他の3つについては述べられていない。

50. 解答 A

このパッセージのすぐ後に続く段落で述べられると思われることは何か。

選択肢の訳

(A) 危機の政治的な影響
(B) 不履行者への個人的損害
(C) 失業問題
(D) その他の大手金融機関の結末

解説 最後の文に、The U.S. government ultimately stepped in to save them「最終的に合衆国政府が救済のために介入した」とある。次に文が続くとしたら、どのような政府の介入があったのかについて述べられるのが自然な流れと考えられる。したがって (A) が正解。

単語リスト

模擬試験第1回のパッセージに出てきた単語や表現を身につけ、語彙力を伸ばしましょう！

Questions 1-10

1	shun	動 ～を避ける、遠ざける
2	unionization	名 労働組合の結成
3	prior to ～	～に先立って
4	hands-on	形 現場で陣頭指揮を執る
5	dwelling	名 住宅
6	humane	形 思いやりのある、人道的な
7	bid	名 入札、試み
8	extramarital	形 婚外の、不倫の
9	alleged	形（証拠はないが）申し立てられている、疑われている
10	relent	動（気持ちが）和らぐ、折れる

Questions 11-20

11	phase	名 段階、局面
12	characterize	動 ～を特徴づける　character 名 特徴
13	voluntary	形 自発的な　対義語 involuntary 無意識の
14	distraction	名 気を散らすもの、邪魔なもの
15	neuron	名 ニューロン
16	electrical impulse	名 電気的刺激

17	cerebral cortex	名 大脳皮質
18	detect	動 ～を検出する
19	contradictory	形 相反する、矛盾する　contradiction 名 矛盾
20	adaptation	名 適応、順応　adapt 動 ～に適応させる

Questions 21-30

21	pollutant	名 汚染物質　類義語 pollution 汚染
22	nitrogen oxide	名 酸化窒素
23	substantially	副 かなり、実質的に
24	polar ice cap	極地の氷冠
25	precipitation	名 降雨量
26	biodiversity	名 生物多様性（bio-「生物の」＋ diversity「多様性」）
27	submerge	動 ～を沈める
28	breakthrough	名（知識・技術などの）飛躍的進歩
29	pharmaceutical	名 薬品、薬剤
30	vulnerable	形 影響を受けやすい

Questions 31-40

31	hierarchy	名 階層、順位
32	categorize	動 ～を分類する　category 名 分類上の区分

33	**photosynthesis**	名 光合成
34	**reaction**	名 反応
35	**herbivore**	名 草食動物
36	**carnivore**	名 肉食動物
37	**fuel**	動 ～に燃料を供給する
38	**omnivore**	名 雑食動物
39	**respire**	動 呼吸する　**respiration** 名 呼吸
40	**fungus**	名 菌類、キノコ（複数形は fungi）

Questions 41-50

41	**mortgage**	名 住宅ローン
42	**collateral**	名形 担保（の）　**collateralize** 動 ～を担保にする
43	**securities**	名 証券
44	**trillion**	名 1兆（*cf.* million 100万、billion 10億）
45	**be composed of ～**	～から成る
46	**term**	動 ～を…と名づける
47	**entity**	名 実在者、存在
48	**default**	名動 債務不履行（に陥る）
49	**recession**	名 景気後退、不況
50	**ignite**	動 ～に火をつける，～を引き起こす

TOEFL ITPテスト 模擬試験 第2回 解答・解説

■ **Section 1** Listening Comprehension 98

■ **Section 2** Structure and Written Expression 131

■ **Section 3** Reading Comprehension 141

※各例題は「第1回」と同じ内容のため、「第2回」では解説を省略しています。

解答一覧

Section 1

1	C	18	C	35	C
2	B	19	A	36	D
3	C	20	A	37	B
4	A	21	B	38	D
5	A	22	B	39	B
6	C	23	D	40	D
7	C	24	B	41	B
8	A	25	A	42	A
9	A	26	A	43	C
10	B	27	D	44	C
11	C	28	B	45	D
12	A	29	C	46	D
13	D	30	A	47	C
14	B	31	C	48	D
15	D	32	D	49	A
16	C	33	A	50	B
17	D	34	C		

Section 2

1	D	18	A	35	C
2	C	19	D	36	B
3	A	20	B	37	B
4	A	21	A	38	B
5	D	22	D	39	A
6	C	23	A	40	B
7	D	24	C		
8	A	25	B		
9	C	26	C		
10	C	27	C		
11	B	28	C		
12	C	29	A		
13	C	30	D		
14	C	31	D		
15	B	32	D		
16	D	33	B		
17	C	34	B		

Section 3

1	C	18	B	35	A
2	D	19	C	36	B
3	A	20	B	37	C
4	C	21	D	38	D
5	D	22	B	39	D
6	B	23	A	40	B
7	B	24	C	41	D
8	D	25	D	42	A
9	D	26	D	43	D
10	C	27	B	44	B
11	D	28	C	45	C
12	B	29	D	46	A
13	A	30	B	47	B
14	C	31	C	48	D
15	B	32	D	49	D
16	B	33	C	50	C
17	A	34	B		

Part A 解答・解説

問題は「別冊①」の35ページより

CD 2 1 例題の解説は20ページにあります。

1. 解答 C

CD 2 2

M : How much time do we have left to register for this statistics class?
W : More than enough.
Question : What does the woman mean?

訳 男性 : この統計学クラスの登録をするのにあとどれくらい時間がありますか。
女性 : 十二分にありますよ。
質問 : 女性が意味することは何か。

選択肢の訳

(A) 彼女はすでに登録している。
(B) 多くの講座が受講可能である。
(C) 登録を急ぐ必要はない。
(D) 男性と女性はそのクラスを必要としていない。

解説 男性が How much time do we have ...? と尋ねており、女性が More than enough.「十分以上にある」と答えている。よって (C) の「急ぐ必要はない」が内容として一致している。他に時間について述べている選択肢はない。

2. 解答 B

CD 2 3

W : Where should we get off the shuttle bus?
M : At the next stop, just in front of the school gym.
Question : What does the man say about the shuttle bus?

訳 女性 : このシャトルバスをどこで降りればよいですか。
男性 : 次のバス停です、学校の体育館のちょうど前ですね。
質問 : 男性はシャトルバスについて何と言っているか。

選択肢の訳

(A) 学生が体育館へ行く主要な方法である。
(B) 学校の近くの区域に止まる。
(C) 次のバス停を飛ばす。
(D) 乗客へは前のドアしか開かない。

解説 男性が next stop の説明として、in front of the school gym を付け加えていることから、バスが学校の体育館の前に止まることがわかる。したがって、(B) が正解。(A) については、このやりとりからはわからない。Where should we get off に対して the next stop と答えているので、(C) は合わない。(D) はこの会話とまったく関係がない。

3. 解答 C CD 2 4

M : Which handouts is the professor talking about?
W : Oh, you must have been absent that day.
Question : What does the woman assume?

訳 男性 : 教授はどの配布物について話しているのかな。
女性 : ああ、その日は欠席していたのね。
質問 : 女性が考えていることは何か。

選択肢の訳

(A) 配布物は配布されなかった。
(B) 教授は数ページ省略した。
(C) 男性はいくつかの資料を持っていない。
(D) 女性はクラス討論に遅れて到着した。

解説 男性は「どの配布物について話しているのかな」と尋ねて、それに対して女性は「その日は欠席していたのね」と言っているのだから、男性は授業を欠席したため必要な配布物を持っていないのだ、と女性が考えていることがわかる。したがって、(C) が正解。you must have been absent と言っているので、(A) や (B) の状況ではないし、女性に関しては何も述べられていないので (D) も合わない。

4. 解答 A CD 2 5

M : Isn't this yesterday's edition of the college newspaper?
W : Check the top left corner for the date.
Question : What does the woman recommend the man do?

訳 男性 : これは昨日の大学新聞ではないですか。
女性 : 日付は左上の隅を確認してください。
質問 : 女性は男性に何をするよう勧めているか。

選択肢の訳

(A) ある情報を確認する。
(B) より新しい版を購入する。
(C) 彼女に新聞を渡す。
(D) 大学に連絡する。

解説 女性の最初の言葉が Check なので、何かを調べてみることを勧めているとわかる。女性の for the date の for は「～を求めて」という意味なので、「日付を求めて…をチェックしたらどうか」ということ。したがって、(B)、(C)、(D) ではなく、(A) が正解とわかる。

5. 解答 A CD 2 6

W : I wouldn't mind seeing that new jazz band, Smooth Tunes, this weekend.

M : Do you have time for that, since you're preparing for Monday's midterm exams?

Question : What does the man imply?

訳 女性 ： 今週末、あの新しいジャズバンド、スムーズ・チューンズを見に行くのもいいわね。

男性 ： そんな時間はあるの？　月曜日の中間試験に向けて準備しているんだよね。

質問 ： 男性が意味することは何か。

選択肢の訳

(A) 女性にはしっかり勉強する時間が必要だ。

(B) 男性は催しに参加できない。

(C) ジャズバンドの演奏は上手ではない。

(D) 中間試験は週末に始まる。

解説 男性は女性の提案に対して、Do you have time for that ...? と尋ねている。また since 以下で、女性が試験の準備をしているのではないかと心配している。その内容と一致するのは (A) か (D)。男性の言葉に Monday というのがあるので、(D) の weekends とは一致しない。したがって、(A) が正解。

6. 解答 C CD 2 7

W : Have you heard back about that scholarship you applied for?

M : I expect to any day now.

Question : What does the man mean?

訳 女性 ： 申請した奨学金について返事をもらった？

男性 ： 今日にでももらえると思うよ。

質問 ： 男性が意味することは何か。

選択肢の訳

(A) 彼は奨学金を申し込む。

(B) 彼は仕事について返事をもらった。

(C) 彼は情報を待っている。

(D) 彼は返事をするつもりである。

解説 女性は that scholarship you applied for「あなたが申請した奨学金」について尋ねている。Have you heard back ...? なので、「返事があったかどうか」が質問の中心である。男性の I expect to の後には hear back about that scholarship が省略されており、any day now というのは、「もういつ何時でも」という意味なので、まだ返事は来ていないが、もうすぐもらえると男性は思っているということ。したがって、(C) が正解。

7. 解答 C CD 2 8

W : I'm too tired to review the rest of this chapter.
M : Why don't you take a break and then pick up where you left off this evening?
Question : What does the man recommend the woman do?

訳 女性 : 疲れてしまって、この章の残りを復習できないわ。
男性 : 休憩を取って、それから今夜、中断したところからまた始めたらどう?
質問 : 男性は女性に何をするよう勧めているか。

選択肢の訳

(A) 前の章を復習する。
(B) 休憩する時間を短くする。
(C) 読むことの続きを後で行う。
(D) 難しい部分は手を付けない。

解説 男性はまず take a break「休憩する」ことを勧めている。そして、pick up ... this evening なので、今夜続きを読みなさいということである。pick up where you left off というのは、「やめたところから続ける」、つまり今は中断しておいて、そこからまた続きを読むという意味。したがって、(C) の内容と一致する。

8. 解答 A CD 2 9

M : Where can I get a replacement for my student ID?
W : I can help you at my desk.
Question : What can be inferred from this conversation?

訳 男性 : 学生証の再発行はどこで受けられますか。
女性 : 私のデスクで承っています。
質問 : この会話から言えることは何か。

選択肢の訳

(A) 男性は新しい書類を必要としている。
(B) 女性は自分の身分証明書を失くした。
(C) いくつかの商品を交換するには費用がかかる。
(D) 動かさなければならない机がある。

解説 replacement は「代わりになるもの」なので、男性が student ID をなくしたことがわかり、(A) が該当する。学生証の再発行について尋ねているのは男性なので、(B) は合わない。また、fee についてはどこにも述べられていないので、(C) も不適切。女性が言っている my desk は仕事をする自分のデスクのことを言っているので、具体的な「机」を指しているのではない。

9. 解答 A CD 2 10

W : You have to wear safety glasses at all times in the laboratory.
M : Oh, sorry. I forgot that rule.
Question : What does the man mean?

訳 女性 : 実験室では常に保護メガネをかけなければなりません。
男性 : ああ、すみません。その決まりを忘れていました。
質問 : 男性が意味することは何か。

選択肢の訳

(A) 彼は規定を覚えていなかった。
(B) 彼は方針に同意していない。
(C) 彼は女性にメガネの着用を望んでいる。
(D) 彼は間違った実験室に行った。

解説 男性は、女性が言ったことに対して sorry と謝った後で、I forgot that rule. と言っているのだから、(A) が正解。(B) のように、反対しているのではないし、(C) のように女性に何かを求めているのでもない。

10. 解答 B CD 2 11

M : Haven't we spent enough time on this assignment?
W : Not if we want to get a good grade.
Question : What does the woman imply?

訳 男性 : この課題には十分な時間をかけたんじゃないかな。
女性 : よい成績を取りたいのであれば、不十分だわ。
質問 : 女性が意味することは何か。

選択肢の訳

(A) 十分な時間は残っていない。
(B) もっと作業をしなければならない。
(C) 男性の成績は悪かった。
(D) お金を費やしすぎた。

解説 男性の Haven't we spent enough time ...? は「もう十分時間を使ったのではないか」という意味で、もうこれ以上時間をかけなくてもよいと言おうとしている。それに対して女性の答えの Not は、we have not spent enough time という意味になる。その後に if we want to get a good grade とあるので「よい成績を取りたいのなら十分ではない」という意味で、女性はもっと時間をかけなければならない、つまりもっと作業をするべきだと考えていることがわかる。

11. 解答 C CD 2 12

M : How many research papers do you have to write this semester?
W : Almost too many to count.
Question : What does the woman mean?

訳 男性 ： 今学期、あなたは研究論文をいくつ書かなければならないのですか。
女性 ： ほとんど数えきれないほどたくさんです。
質問 ： 女性が意味することは何か。

選択肢の訳

(A) 彼女は多くの論文を書いた。
(B) 彼女はすべての研究を終えた。
(C) 彼女には数多くの課題があるだろう。
(D) 彼女はすべての企画を数えるだろう。

解説 男性の質問は、これから書かなければならない論文の数について。したがって、すでに終わったことになる (A) と (B) はこの文脈に合わない。too many to count「数えるには多すぎる」とは、つまり「数えられないほどたくさんある」という意味。したがって、(C) が正解。

12. 解答 A CD 2 13

W : When is the last day to drop a course?
M : That was almost a week ago.
Question : What can be inferred from this conversation?

訳 女性 ： 講座の受講を途中でやめられる最終日はいつですか。
男性 ： 1週間ほど前でしたよ。
質問 ： この会話から言えることは何か。

選択肢の訳

(A) 女性は期限を逃した。
(B) 男性は講座の受講を途中でやめた。
(C) 今日は今週最後の日である。
(D) その授業は学生でほぼいっぱいである。

解説 女性は When is ...? と現在形で尋ねているが、男性は That was almost a week ago. と過去形で答えている。つまり、女性が尋ねたことは、もう過ぎてしまっているという意味で、(A) が正解だと推測できる。(B) は言及がなく、(C) や (D) はこの会話とは関係がない内容なので誤り。

13. 解答 D CD 2 14

M : Don't we have to attach footnotes to our homework?
W : Yes, if you've used any outside sources or quotes.
Question : What does the woman say about the homework?

訳 男性 : 宿題に脚注を付けなくていいのですか。
女性 : 付けてください、もし外部の情報源や引用を用いているのであれば。
質問 : 女性は宿題について何と言っているか。

選択肢の訳

(A) 彼女は複数の引用を盛り込んだ。
(B) 授業外に提出しなければならない。
(C) 添付書類は必要ない。
(D) 情報源は明確にしなければならない。

解説 Yes の意味に注意。男性は Don't we ...? と否定疑問で尋ねているが、意味は Do we ...? という肯定形の疑問と同じなので、答えの Yes は you have to attach footnotes の意味。footnotes は「脚注」。outside sources or quotes を引用した場合に脚注を付けなければならないという意味で、(D) が正解。

14. 解答 B CD 2 15

M : My roommate is so noisy most evenings.
W : That's why I don't live with anyone.
Question : What does the woman imply?

訳 男性 : 僕のルームメイトはほぼ毎晩とてもうるさいんだ。
女性 : だから私は誰とも一緒に暮らさないのよね。
質問 : 女性が意味することは何か。

選択肢の訳

(A) 彼女はより広い部屋を望んでいる。
(B) 彼女は騒音を避ける方を好む。
(C) 彼女はほぼ毎晩家にいる。
(D) 彼女は静かなルームメイトを探している。

解説 男性が自分のルームメイトがうるさいと不満を言っているのに対し、女性は「だから誰とも一緒に暮らさない」と言っているので、女性は人にうるさくされるのがいやだということがわかる。選択肢では (B) の内容に一致する。

15. 解答 D　CD 2 16

W : Aren't you entering your painting into the school contest?
M : I sure am.
Question : What does the man mean?

訳　女性 ： あなたの絵画を学校のコンテストに出さないのですか。
男性 ： もちろん出しますよ。
質問 ： 男性が意味することは何か。

選択肢の訳

(A) 彼はコンテストの審査をしている。
(B) 彼は賞を獲得した。
(C) 彼は絵画を購入した。
(D) 彼は作品を提出するだろう。

解説 男性の I sure am. は I sure am entering my painting into the school contest. という意味。enter は「(コンテストなどに) ～を参加させる、～に参加する」という意味なので (A) は合わない。また、ここでは現在進行形 entering は近い未来を表すので (B)、(C) の過去形も合わない。submit は「～を提出する」という意味なので、(D) が会話の内容と一致する。

16. 解答 C　CD 2 17

W : I should have asked one or two questions after that seminar.
M : You could save them for the next one.
Question : What does the man imply?

訳　女性 ： あのセミナーの後、質問を1つか2つしておくべきだったわ。
男性 ： 次回のために取っておけるよ。
質問 ： 男性が意味することは何か。

選択肢の訳

(A) 次のセミナーはより興味深いだろう。
(B) 女性は講義の一部分を聞き逃した。
(C) 質問を後ですることもできる。
(D) Eメールを使うことで時間を節約できる。

解説 女性の should have asked は「聞くべきだったのに聞かなかった」という意味。それに対して男性が、save them for the next one「次回に取っておく」と言っているので、(C) の内容と一致する。save と next がポイント。

17. 解答 D CD 2 18

W : Aren't you looking forward to going back home during our winter holiday?
M : Sure, the sooner the better.
Question : What does the man mean?

訳 女性 ： 私たちの冬休みの間に家に戻るのを楽しみにしていないの？
男性 ： もちろん、早ければ早いほどいいね。
質問 ： 男性が意味することは何か。

選択肢の訳

(A) 休みがもうすぐ始まる。
(B) 彼は学校を楽しみにしている。
(C) 冬は最近始まったばかりだ。
(D) 彼はある期間が始まるのを切望している。

解説 the sooner the better は〈the＋比較級～, the＋比較級 ...〉の構文を省略したもので、「早ければ早いほどよい」という意味。女性は Aren't you looking forward to ...? とこれからのことを尋ねている。(A) ははっきりと言及がなく、また男性の「早ければ早いほどよい」とは合わない。女性の質問は「冬休みに家に帰ること」についてなので、(B) や (C) も合わない。「ある期間」という表現に言い換えている (D) が正解。

18. 解答 C CD 2 19

W : There don't seem to be many school supplies in this shop.
M : Why not look for them online?
Question : What does the man recommend the woman do?

訳 女性 ： この店には学用品があまりないようね。
男性 ： オンラインで探してみたらどうかな。
質問 ： 男性は女性に何をするよう勧めているか。

選択肢の訳

(A) 彼女の必需品の払い戻しを受ける。
(B) その店の別の売り場を見てみる。
(C) インターネットを使う。
(D) 別の学校を訪れる。

解説 online は「オンラインで、インターネットで」という意味。Why not ～? は「～してはどうですか」と勧める言い方なので、「インターネットで～してはどうか」という意味と判断できる。選択肢でこの条件に合うのは (C)。

19. 解答 A CD 2 20

M : I heard a lot of rumors about Professor Thompson being a very difficult teacher.
W : Don't believe them.
Question : What does the woman mean?

訳 男性 : トンプソン教授がとても気難しい先生だといううわさをたくさん聞きました。
女性 : そんなものを信じないで。
質問 : 女性が意味することは何か。

選択肢の訳

(A) 彼は聞いたことを疑うべきだ。
(B) 彼女はうわさを聞いたことがない。
(C) 彼女はその教授を知らない。
(D) クラスの先生が変えられた。

解説 男性が I heard a lot of rumors「たくさんのうわさを聞いた」と言っているのに対して、女性が、Don't believe them (= the rumors). と言っている。つまり、うわさを信じるべきではないということ。したがって、(A) がこの内容と一致する。(B)、(C) はこの会話の状況と合わない。(D) については述べられていない。

20. 解答 A CD 2 21

W : Are you going on the field trip to Blakewood Forest?
M : Well, it's required for all of us.
Question : What does the man imply?

訳 女性 : ブレイクウッド・フォレストへの校外授業には行くの？
男性 : ええと、それは僕たち全員必須だよ。
質問 : 男性が意味することは何か。

選択肢の訳

(A) 彼は校外授業に行く。
(B) その旅は必須ではない。
(C) その森は遠い。
(D) 彼はもっと知る必要がある。

解説 校外授業に行くかどうかを尋ねる女性の質問に、男性は it's required for all of us と答えているので、この field trip が全員参加であることがわかる。「全員必須だ」と言って、特に「行かない」という説明もないので、男性が参加するつもりであると判断でき、(A) が正解。

21. 解答 B CD 2 22

W : How good are you at softball?
M : I could easily fill the open spot on your team.
Question : What can be inferred from this conversation?

訳 女性 ： あなたはどれくらいソフトボールが上手なの?
男性 ： 僕なら簡単に君のチームの空いた席を補充できるよ。
質問 ： この会話から言えることは何か。

選択肢の訳

(A) 男性のチームはあまりよくない。
(B) 女性は選手を探している。
(C) 男性はソフトボールについてあまり知らない。
(D) 女性はポジションを変える予定だ。

解説 女性の「あなたはどのくらい上手か」という質問に対して男性は、fill the open spot on your team「君のチームの欠員を補充」できると答えている。この応答から、女性はソフトボールのチームの一員であり、欠員を補充できる人を探しているから男性に質問をしたのだとわかる。したがって (B) が正解。

22. 解答 B CD 2 23

W : I'm finally catching up on all of my assignments.
M : I never doubted you would.
Question : What does the man imply?

訳 女性 ： やっとすべての課題の遅れを取り戻しているわ。
男性 ： 君はきっとそうできると思っていたよ。
質問 ： 男性が意味することは何か。

選択肢の訳

(A) 彼の課題は遅れた。
(B) 彼は女性に対し確信を持っていた。
(C) 彼は自分の仕事の遅れを取り戻している。
(D) 彼の授業に対する懸念はなくなった。

解説 女性は I'm finally catching up ... と、自分が何かに追いついていることを告げている。それに対して男性は、I never doubted と言っているのだから、疑ったことはなかった、つまり、必ずそうするだろうと思っていたということになる。この doubt は後に that が省略されていて、「〜だということを疑う」という意味。

23. 解答 D CD 2 24

M : Who put all these snacks and soft drinks in the student lounge?
W : I have no idea.
Question : What does the woman mean?

訳 男性 ： これら全部の軽食と飲み物を学生ラウンジに置いたのは誰ですか。
女性 ： まったくわかりません。
質問 ： 女性が意味することは何か。

選択肢の訳

(A) 彼女は主題に関してより多くのアイディアを必要としている。
(B) 彼女はその軽食を楽しまなかった。
(C) 彼女はラウンジがどこにあるのか知らない。
(D) 彼女はある人についてよく知らない。

解説 I have no idea. は「まったくわからない」という意味。男性の質問は Who ...? なので、女性はそれが誰なのかまったくわからないと言っていることになる。つまり、選択肢の (D) と同じ意味。(C) も She doesn't know で始まっているが、男性は lounge の場所を尋ねたのではないので、合わない。

24. 解答 B CD 2 25

M : How can I find the career counseling center?
W : There's a directory on that wall.
Question : What does the woman imply the man should do?

訳 男性 ： 進路相談センターはどうやって見つけられますか。
女性 ： あの壁に案内がありますよ。
質問 ： 女性が意味する男性がすべきこととは何か。

選択肢の訳

(A) 進路相談を受けること。
(B) 表示を見ること。
(C) 名簿に登録すること。
(D) 彼女が壁を塗るのを手伝うこと。

解説 男性は How can I find ...? と、何かの場所を尋ねている。女性は、There's a directory と言っているので、直接場所を教えずに、案内を示していることがわかる。したがって、男性はその案内を見ることになり、(B) が一致する。(C) も directory という語を使っているが、内容が異なるので注意。

25. 解答 A CD 2 26

W : The theory covered in Wednesday's lecture was quite complicated.
M : In some ways.
Question : What does the man mean?

訳 女性 : 水曜日の講義で取り上げられた理論はとても複雑だったわ。
男性 : いくつかの点ではそうだね。
質問 : 男性が意味することは何か。

選択肢の訳

(A) 彼は部分的に女性に同意している。
(B) 彼は自身の理論を展開した。
(C) 彼は講義が長く続きすぎると感じた。
(D) 彼は若干違う主題を勉強した。

解説 男性の言っている In some ways. は「いくつかの点では」という意味。したがって、男性は女性の言うことに全面的ではなく、部分的に同意していることになる。(B)、(C)、(D) は特に触れられていないので、「部分的に同意」という (A) が正解。

26. 解答 A CD 2 27

W : Won't we be evaluated on class participation?
M : That's 15 percent of our total grade.
Question : What does the man imply?

訳 女性 : 私たちは授業への出席で評価されないのですか。
男性 : それは成績全体の15%です。
質問 : 男性が意味することは何か。

選択肢の訳

(A) 出席は講座の成績に影響する。
(B) 彼は好意的な評価を受けた。
(C) 成績はすでに掲示されている。
(D) 彼は自分のクラスの順位についてよく知らない。

解説 女性の言っている evaluated on ～は「～に基づいて評価される」という意味。女性が Won't we be evaluated on ...? と尋ねているのに対して、男性は That's 15 percent と言っているのだから、一部ではあるが評価されるということ。したがって、(A) が正解。(B)、(D) のように、彼自身の評価に関しては何も述べていない。

27. 解答 D CD 2 28

W : Where can this coupon be used?
M : Let me take a close look at the front of it.
Question : What does the man ask the woman to do?

訳 女性 : このクーポンはどこで使えますか。
男性 : その表側を近くで見せてもらえますか。
質問 : 男性が女性に依頼していることは何か。

選択肢の訳

(A) 割引を使うこと。
(B) 場所を説明すること。
(C) クーポンを交換すること。
(D) 彼に物を見せること。

解説 女性の質問に対して男性が Let me take a close look と言っているのだから、男性はすぐには答えられず、まず女性が持っているものを確かめようとしていることがわかる。(D) が正解。

28. 解答 B CD 2 29

M : I'm not feeling well at all.
W : Then I guess you'll be staying home instead of coming to class today.
Question : What does the woman assume?

訳 男性 : まったく気分がよくないんだ。
女性 : それなら、今日は授業に来ないで家にいるのね。
質問 : 女性が想定していることは何か。

選択肢の訳

(A) 彼女は今日、家にいることができる。
(B) 男性は具合が悪すぎて学校に出席できない。
(C) 授業は休講になった。
(D) 彼女は明日にはもっと気分がよくなるだろう。

解説 男性は、I'm not feeling well「気分が悪い」と言っている。at all は否定を強調する言い方。(B) は too sick to attend school「授業に出るには具合が悪すぎる」、つまり、「病気のせいで授業には出られない」という意味なので、これが正解。

29. 解答 C CD 2 30

M : Who can give me some advice on scheduling courses?
W : Please wait here until Ms. Jenkins returns to the office.
Question : What does the woman recommend the man do?

訳 男性 ： 講座の予定を組むのにどなたか助言をいただけませんか。
女性 ： ジェンキンスさんがオフィスに戻るまでここで待っていてください。
質問 ： 女性は男性に何をするよう勧めているか。

選択肢の訳

(A) いくつかの講座の日程を組み直す。
(B) 別のオフィスへ行く。
(C) ある人を待つ。
(D) 講座日程を返す。

解説 男性の質問は Who ...? で、それに対して女性が Please wait ... と言っているので、今ここにいない人が Who の答えであると判断できる。おそらく女性の言っている Ms. Jenkins が履修指導の担当だと思われるので、(C) が正解。

30. 解答 A CD 2 31

W : This vending machine doesn't seem to work.
M : It's been that way for almost a week.
Question : What does the man say about the vending machine?

訳 女性 ： この自動販売機は動いていないみたい。
男性 ： ほぼ1週間その状態だよ。
質問 ： 男性は自動販売機について何と言っているか。

選択肢の訳

(A) 最近機能していない。
(B) 修理が必要である。
(C) 品ぞろえが少ないようだ。
(D) 1週間前に設置された。

解説 女性の doesn't ... work から、機械が壊れていることが推測できる。男性は、It's been that way ... と現在完了形を使っているので、ここしばらくはそういう状態が続いていることがわかる。その状態では確かに (B) のように修理が必要だと言えるが、質問は「男性が何と言っているか」なので、(A) が正解。

Part B 解答・解説

問題は「別冊①」の39ページより

CD 2 32 指示文の解説は36ページにあります。

Questions 31-34 CD 2 33

スクリプト

Listen to students talk about housing.

M : I plan to move out of my dormitory and into a private apartment.

W : Oh, aren't you getting along with your roommates? That can sometimes be a problem.

M : No, they're fine. They're very quiet and friendly. I just want to live alone, with more space and privacy. You know our school policy states that freshmen have to live on campus but from second year onward we can live anywhere we like. I want to take advantage of that.

W : I see. Where do you want to live?

M : Any place that's not too expensive. Apartments 5 miles or more away from the school are usually cheapest. Rent at some of them is only 300 to 400 dollars per month. I can afford that.

W : Won't it be harder to get to morning classes that way? You won't be able to just get up and then walk to class, and you don't have a car or bike.

M : I'll catch City Bus 284 to campus. It can bring me here in 30 minutes.

W : Yes, but most of our activities are on campus, like student conferences. Won't you miss out on some of them? I mean, wouldn't it be hard to go home from class and then return to campus for those kinds of evening events?

M : I can just stay after class to attend them. For example, if there's a school football game at 5:00 P.M., I can study after I get out of class at 3:00 and then go to the game afterwards.

W : It looks like you've planned for everything. I hope you can find something you like.

M : I do, too. Please wish me luck!

訳

住居についての学生の会話を聞きなさい。

男性：僕は寮を出て、自分用のアパートに引っ越そうと考えてるんだ。

女性：あら、ルームメイトたちとうまくいっていないの？　それはときどき問題になることもあるわよね。

男性：いや、彼らは問題ないよ。とても静かで親切だよ。僕はただ、もっと広くてプライバシーのあるところにひとりで暮らしたいんだ。君も知ってのとおり、僕たちの学校の方針では、1年目は構内に住まなくてはいけないけど、2年目からは好きなところに住んでもいいことになっているよね。僕はそれを生かしたいんだ。

女性：なるほどね。どこに住みたいの？

男性：家賃が高すぎなければどこでも。学校から5マイル以上離れたところにあるアパートがたいていはいちばん安いんだ。家賃が1か月300ドルから400ドルだけのところもある。それなら僕にも払えるよ。

女性：それだと朝の授業に行くのが難しくならない？　起きてすぐ授業に歩いて向かうことはできないし、あなたは車も自転車も持っていないじゃない。

男性：市バスの大学行き284番に乗るよ。それならここまで30分で来られる。

女性：そうだけど、学生会議なんかの活動は多くが構内で行われるわ。いくつか参加しそびれちゃうんじゃないの？　つまり、授業が終わって家に帰って、それからそういう夕方の催しのために構内に戻ってくるのは、たいへんじゃないの？

男性：講義の後に居残って、その活動に参加すればいいんだ。たとえば、午後5時に学校のフットボールの試合があるとすれば、午後3時に講義が終わった後に勉強をして、それからその試合に行けばいいんだ。

女性：もうすべて計画済みのようね。あなたの気に入るところが見つかるといいわね。

男性：そうだね。幸運を祈ってて！

31. 解答 C　CD 2 34

Question : Where does the man want to move?

質問 ：男性が引っ越したいのはどこか。

選択肢の訳

(A) 寮へ。

(B) 友人の家へ。

(C) 彼個人の住まいへ。

(D) 学内のアパートへ。

解説

男性は最初の発言で I plan to move out of my dormitory and into a private apartment. と言っている。寮を出ると言っているので (A) は除外できる。「自分用のアパート」ということから (C) が正解。(D) の on-campus は「キャンパス内の」という意味。

32. 解答 D　CD 2 35

Question : What policy does the man mention?

質問 ：彼が言及している方針は何か。

選択肢の訳

(A) 学外の住居は安全基準を満たさなければならない。

(B) 大学は引っ越し費用を負担しない。

(C) 学生は街の5マイル以内に住まなければならない。

(D) 1年生は大学構内に住まなければならない。

解説

policy について述べているのは、男性の2つ目の発言。our school policy states that freshmen have to live on campus「学校の方針では、1年目は構内に住まなくてはいけない」と言っているので、on campus を on the school grounds と言い換えている (D) が正解。

33. 解答 A　CD 2 36

Question : How does the man plan to come to school next year?

質問 ： 男性は来年どのようにして通学することを計画しているか。

選択肢の訳

(A) バスに乗って。

(B) 自転車に乗って。

(C) 家から歩いて。

(D) 自分の車を使って。

解説

来年、つまり、引っ越した後の通学方法について男性は、I'll catch City Bus 284 to campus. と言っている。したがって、(A) が正解。その前の女性の You won't be able to just get up and then walk to class, and you don't have a car or bike. からも、(B)、(C)、(D) ではないことがわかる。

34. 解答 C　CD 2 37

Question : What does the woman say the man might miss?

質問 ： 女性は、男性は何を逃すだろうと言っているか。

選択肢の訳

(A) 教授の会議。

(B) スポーツの試合。

(C) 学生の会合。

(D) 夕方の講義。

解説

女性は Won't you miss out on some of them? と言って、男性が何かに参加しそびれるのではないかと問いかけている。them はその前の most of our activities、たとえば student conferences などを指すので、(C) が正解。その後、男性が言及している school football game も activities の1つだが、ここは女性が参加しそびれると言っているものを答えるので、(B) は間違い。

Questions 35-38 CD 2 38

スクリプト

Listen to students talk about tutoring.

M : I may need some help in my Spanish class. I'm really falling behind because I can't understand a lot of the material.

W : I thought you were majoring in management. Why are you taking Spanish?

M : I plan to be an international businessperson one day and foreign language skills can help me do that kind of work.

W : That makes sense. My academic counselor says the same thing. Anyway, if you need help, you should go to the Tutoring Center. It's on the second floor of the school library.

M : Do they tutor every subject?

W : I'm not sure but you could check by going to the school Web page. Also, the Tutoring Center is free.

M : I see.

W : If there are no Spanish tutors in the center, you could ask someone there if they could recommend a native Spanish speaker or someone who's a Spanish major. However, you might have to pay for that kind of help.

M : You've been to the center before, right? Would you mind walking there with me now to show me around a bit? I'd really appreciate it.

W : Sure! It's right in this section of the campus so we'll get there in just a few minutes.

訳

個人指導についての学生の会話を聞きなさい。

男性：スペイン語の授業でいくらか助けが必要になるかもしれない。教材のうち理解できないところが多くて、かなり後れを取っているんだ。

女性：あなたは経営学を専攻してるんだと思っていたわ。なぜスペイン語を取っているの？

男性：いつか国際的な実業家になりたいと考えているんだ。外国語の能力はそういう仕事をするのに役に立つよね。

女性：それは理にかなっているわね。私の履修カウンセラーも同じことを言っているわ。いずれにしても、もし助けが必要なら、個人指導センターに行くべきよ。学校図書館の2階にあるわ。

男性：どの教科も個人指導してもらえるの？

女性：わからないけど、学校のウェブページを見れば確認できるわ。それに、個人指導センターは無料よ。

男性：そうなんだ。

女性：もしセンターにスペイン語の個人指導者がいなければ、スペイン語のネイティブスピーカーやスペイン語を専攻している人を推薦してもらえるか、そこで誰かに尋ねることもできるわ。でも、そういう支援にはお金を払わないといけないかもしれない。

男性：君は以前そのセンターに行ったことがあるんだよね。僕と一緒に今そこまで歩いて、少し案内してもらえないかな。そうしてくれると、とてもありがたいのだけど。

女性：もちろん！　ちょうどキャンパスのこの区域にあるから、ほんの数分で着くわ。

35. 解答 C　CD 2 39

Question : Why does the man want to study Spanish?

質問：男性がスペイン語を勉強したいのはなぜか。

選択肢の訳

(A) 学習するのが比較的簡単なため。
(B) 彼の専攻に必要なため。
(C) 彼の職業上の目標に合っているため。
(D) カウンセラーに提案されたため。

解説 スペイン語を学ぶ理由は、女性の Why are you taking Spanish? という質問に対する男性の答えにある。I plan to be an international businessperson one day and foreign language skills can help me do that kind of work. と言っているので、(C) が正解。男性は最初に「スペイン語の授業で助けが必要」と言っているので、(A) は不適。専攻は management とあるので (B) も間違い。(D) については述べられていない。

36. 解答 D　CD 2 40

Question : How does the woman say the man can confirm the courses being tutored?

質問 ： 個人指導してもらう講座を男性が確認するにはどうしたらよいと女性は言っているか。

選択肢の訳

(A) 図書館の掲示板を見直すことで。
(B) 後で彼女にEメールを送ることで。
(C) 相談員に尋ねることで。
(D) ウェブページにアクセスすることで。

解説 男性の「どの教科も個人指導してもらえるの?」という質問に対して、女性は you could check by going to the school Web page と言っている。つまり、Web page を見れば指導してもらえるかどうかわかるということなので、(D) が正解。

37. 解答 B　CD 2 41

Question : What does the woman say may require a payment?

質問 ： 女性が、支払いの必要があるかもしれないと言っているのは何か。

選択肢の訳

(A) 講座への登録。
(B) 他の学生からの援助。
(C) ある教科の追加の本。
(D) 国際 ID カード。

解説 女性は4つ目の発言で、you might have to pay for that kind of help と言っている。that kind of help とはその前の「個人指導者がいなければ、スペイン語のネイティブスピーカーやスペイン語を専攻している人を推薦してもらえる」ということ。したがって、「他の学生からの援助」という (B) が正解。

38. 解答 D　CD 2 42

Question : What will the man and the woman probably do next?

質問 ： 男性と女性は次に何をすると考えられるか。

選択肢の訳

(A) センターで教える。
(B) もっと簡単な授業を取る。
(C) キャンパスガイドを見つける。
(D) 施設に行く。

解説 この会話の後の2人の予定は男性の最後の発言でわかる。以前センターに行ったことがあると思われる女性に Would you mind walking there with me now to show me around a bit? と案内を頼んでいるので、center を facility と言い換えている (D) が正解。

Part C 解答・解説 問題は「別冊①」の41ページより

CD 2 43 例題の解説は43ページにあります。

Questions 39-42 CD 2 44

スクリプト

Listen to the following talk about comets.

Up to a few decades ago, most scientists believed that life was the result of the earth's original chemicals reacting with energy over millions of years to form organic — living — compounds. This theory of life was called the "primordial soup" theory. Yet, Earth's original chemical composition lacked many of the gasses — such as argon, xenon and krypton — in proportions that would have been required for life to emerge that way.

New evidence suggests that instead of emerging from the earth's chemicals, life — or chemicals necessary for life — may have been brought here on comets. For example, the missing gasses I just talked about may have been brought to Earth by comets, since comet formation locks in these types of gasses.

Another way comets may have brought life to Earth is by carrying in amino acids. These are a core part of the chemical compounds that form proteins. Proteins, in turn, are essential for plant and animal life.

A third way life may have been brought to Earth is through comet-borne bacteria. These bacteria could have eventually developed into more complex life forms.

This couldn't have happened with just one or two comets, of course. 3.8 to 4.6 billion years ago, Earth was bombarded with waves of comets and it was during this period that these chemicals or bacteria could have arrived.

Turn to page 231 in your textbook to look at an illustration of a typical comet, with a detailed diagram of its composition — a composition that may have included the first ingredients for life on Earth.

訳

彗星に関する次の話を聞きなさい。

数十年前まで、大半の科学者は、生命は地球にもともとある化学物質が数百万年以上もかけてエネルギーと反応し、有機化合物、すなわち生きている化合物を形成した結果であると考えていました。この生命の理論は、「原始スープ」理論と呼ばれていました。しかし、地球にもともとあった化学成分には、そのようにして生命が誕生するのに適切な割合で必要であるはずの気体の多く、アルゴンやキセノン、クリプトンなどが、ありませんでした。

地球の化学物質から誕生する代わりに、生命、もしくは生命に必要な化学物質は、彗星によってここに運ばれてきたのかもしれないということを示唆する、新たな証拠があります。たとえば、今お話しした存在していなかった気体ですが、彗星は形成の際にこの種の気体を閉じ込めるので、彗星によって地球に運ばれたのかもしれません。

彗星が地球に生命を運んだかもしれないもう1つの方法は、アミノ酸を運び込んだというものです。このアミノ酸はタンパク質を形成する化合物の中核を担うものです。そして、タンパク質は植物や動物の生命にとって欠かせないものです。

生命が地球に運ばれたかもしれない3つ目の方法は、彗星によって運ばれたバクテリアによるものです。これらのバクテリアが最終的により複雑な生命体へと発達した可能性があります。

もちろんこれは、わずか1つや2つの彗星によって起こったとは考えられません。38～46億年前、彗星が波のように地球に押し寄せ、まさにこの期間にこれらの化学物質やバクテリアがやってきた可能性があります。

教科書の231ページを開いて、典型的な彗星の絵を見てください。その成分に関する詳しい図がありますが、この成分に地球上の生命の最初の構成要素が含まれていたのかもしれません。

39. 解答 B CD 2 45

Question : According to the speaker, what is a problem with the primordial soup theory of life?

質問 ： 話し手によると、生命の原始スープ理論における問題は何か。

選択肢の訳

(A) 化学物質は長い期間をかけてエネルギーと反応することができない。
(B) 必要な原料がいくつか存在していなかった。
(C) 有機化合物は無機化合物からは発生できない。
(D) 有毒な気体がそのような状況を妨げていたはずだ。

解説

話者は "primordial soup" theory と言った後に、Yet と続けている。yet は逆接の接続詞なので、この後に不都合なことが述べられるはず。Earth's original chemical composition lacked many of the gasses と言っているので、何かが欠如していたということ。つまり、(B) の状態である。

40. 解答 D CD 2 46

Question : What does the speaker say about amino acids?

質問 ： 話し手がアミノ酸について言っていることは何か。

選択肢の訳

(A) とてももろいので宇宙空間で存在しえない。
(B) 氷状の地球の塵の中に発見される。
(C) キセノンとクリプトンから形成される。
(D) タンパク質の中核である。

解説

amino acids について述べているのは、Another way ... で始まる部分。彗星がアミノ酸を運んできたという説明の後、These are a core part of the chemical compounds that form proteins. と言っているのだから、(D) の内容と一致する。

41. 解答 B　CD 2 47

Question : When did waves of comets strike the earth?

質問 ： 彗星の波が地球を襲ったのはいつか。

選択肢の訳

(A) おおよそ35億年前。
(B) おおよそ42億年前。
(C) おおよそ55億年前。
(D) おおよそ62億年前。

解説

comet が生命誕生に果たした役割を説明した後、話者は 3.8 to 4.6 billion years ago, Earth was bombarded with waves of comets ... と説明している。設問はこの部分に関するもの。38億年から46億年前ということなので、その中間の「おおよそ42億年前」という (B) が正解。

42. 解答 A　CD 2 48

Question : What are the listeners asked to do?

質問 ： 聞き手は何をするよう求められているか。

選択肢の訳

(A) 絵を見る。
(B) 図を描く。
(C) 一覧表を作成する。
(D) 教科書を閉じる。

解説

最後に話者は聴衆に対して、Turn to page ... と言っている。あるページを開くようにということである。そして、look at an illustration of a typical comet と言っているので、そのページには彗星の図があることがわかる。look at とはっきり言っているので、(A) が正解だとわかる。

Questions 43-46 CD 2 49

スクリプト

Listen to a talk about culture.

We've spent the last few minutes talking about high and low-context cultures. Keep in mind that in a low-context culture, people are generally individualistic, direct in their communications and action-focused. In a high-context culture, people are generally group-oriented and people-focused, and tend to communicate indirectly. Typical high-context cultures are those of China or Vietnam while typical low-context cultures are those of Sweden or Germany. Mediterranean nations such as France or Algeria tend to be middle-range context cultures. The United States is a low-context culture.

High and low-context cultures experience time differently. There are two major time cultures: monochronic and polychronic. Low-context cultures tend to be monochronic. There, people work on one thing after another, moving toward a specific goal. They tend to be very schedule and deadline-oriented. Americans, for example, usually stick close to a work schedule, regardless of its impact on the people involved.

People from high-context cultures tend to be polychronic, which means deadlines and work processes are flexible. A task may stop and start or other tasks — social or professional — may be worked on at the same time and regarded as equally important. Tending to social relationships is as important as, or even more important than, goal achievement. Mexicans, being from a high-context culture, tend to be committed more to people than processes.

Korea is a fascinating case because it is a high-context but monochronic culture. Time is about up. After class, I want you to read the handouts I distributed. We'll continue today's topic during tomorrow's lecture.

訳

文化についての話を聞きなさい。

先ほど数分間使って、ハイコンテクスト文化とローコンテクスト文化について話しました。ローコンテクスト文化では、人々は一般的に個人主義で、コミュニケーションにおいて直接的であり、行動を重視する、ということを覚えておいてください。ハイコンテクスト文化では、人々は概して集団志向で、人を重視し、間接的にコミュニケーションする傾向があります。典型的なハイコンテクスト文化は中国やベトナム、それに対して典型的なローコンテクスト文化にはスウェーデンやドイツなどが挙げられます。フランスやアルジェリアといった地中海沿岸の国々は中間のコンテクスト文化の傾向があります。アメリカ合衆国はローコンテクスト文化です。

ハイコンテクスト文化とローコンテクスト文化では時間の経験のしかたが異なります。時間の文化には主に2つ、モノクロニックとポリクロニックがあります。ローコンテクスト文化はモノクロニックの傾向があります。そこでは、人は物事に次から次へと対処し、ある特定の目標を目指して進みます。彼らはスケジュールと締め切りをとても重視します。たとえばアメリカ人はたいていの場合、仕事のスケジュールにとても忠実で、それに関わる人に与える影響は考えません。

ハイコンテクスト文化の人々はポリクロニックである傾向があります。ポリクロニックとは締め切りや仕事の過程が柔軟であることを意味します。ある作業が中断し、始まるということもあれば、社会的なことであろうが職業上のことであろうが、他の作業が同時に始められることもあり、それらも等しく重要と見なされるのです。社会的関係に注意することは目標達成と同じくらい、もしくはそれ以上に、重要と考えられます。メキシコ人は、ハイコンテクスト文化であり、過程よりも人により傾倒する傾向があります。

韓国は興味深いケースですね。なぜならハイコンテクスト文化でありながらモノクロニック文化だからです。そろそろ終わりに近づいてきました。授業の後、配布した資料を読んでおいてください。明日の講義では、今日の議題の続きを行います。

43. 解答 C CD2 50

Question : According to the speaker, where may an example of a middle-range context culture be found?

質問 ：話し手によると、中間コンテクスト文化の例が見られるのはどこか。

選択肢の訳

(A) スウェーデン。

(B) ドイツ。

(C) アルジェリア。

(D) アメリカ合衆国。

解説

最初に high-context culture、low-context culture の例がそれぞれ挙げられていて、その後で Mediterranean nations such as France or Algeria tend to be middle-range context cultures.「フランスやアルジェリアといった地中海沿岸の国々は中間のコンテクスト文化の傾向がある」と述べているので、選択肢の中では (C) がこれに当てはまる。

44. 解答 C CD2 51

Question : How does the speaker define monochronic and polychronic cultures?

質問 ：話し手はモノクロニック文化とポリクロニック文化をどのように定義しているか。

選択肢の訳

(A) 地理的な位置によって。

(B) 目標の種類によって。

(C) 通常の作業様式によって。

(D) 個性によって。

解説

話し手は中程で、high-context と low-context の2つの文化は experience time differently「時間の経験のしかたが異なる」とし、monochronic と polychronic という言葉を使って説明している。その違いについての説明では、work や schedule や deadline といった言葉がよく使われている。つまり、この2つの文化では時間の過ごし方、特に仕事のスケジュールなどに関する考え方が違うということである。したがって、(C) が正解。

45. 解答 D　CD 2 52

Question : Why does the speaker mention Korea?
質問 ：話し手が韓国に言及しているのはなぜか。

選択肢の訳

(A) 配布資料に掲載されていたため。
(B) メキシコとの類似点がいくつかあるため。
(C) ローコンテクスト文化でポリクロニック文化であるため。
(D) 興味深い特性を持っているため。

解説

Korea に関して述べているのはいちばん最後の部分。Korea is a fascinating case と言っているので、(D) に一致する。具体的には、it is a high-context but monochronic culture と言っているので、(C) は合わない。Mexico についてはその前に典型的な high-context culture だと言っているので、high-context and polychronic だという意味で (B) も合わない。

46. 解答 D　CD 2 53

Question : What does the speaker say will happen tomorrow?
質問 ：話し手は明日何が起きると言っているか。

選択肢の訳

(A) 資料が配られる。
(B) ケーススタディを復習する。
(C) 別の人が講義を行う。
(D) 議題が継続される。

解説

handouts については I distributed と過去形になっていて今日の講義では配布したと思われるが、明日も配布するとは言っていないので (A) は間違い。We'll continue today's topic during tomorrow's lecture. ということなので、(D) が正解。

Questions 47-50 CD 2 54

スクリプト

Listen to a talk about grading methods.

As this is the first day of class, I want to spend a little time on something you're likely all interested in: scoring methods. Some professors grade on a curve, with the best-performing students given the best scores, the second-ranking students the second-best scores and so on. That method creates a normal distribution pattern of grades, a statistical bell shape, with a few at the top, a few at the bottom and most in the middle. However, I don't do that. Instead, each student in my class is measured and graded on how well he or she has mastered the course content. Therefore, there might be many top grades in one of my courses, or few to none. Some students may not like this method, but it is realistic preparation for your future careers — where you will be judged on both your absolute and relative performance.

As for your individual final grades, they will be composed of 45 percent test scores, 45 percent research paper scores and 10 percent class participation. This does not only refer to volunteering to answer questions. You should expect to be asked questions during lectures. If your answer is vague or incorrect, it may count against you. Again, some of you may feel that this is unfair, but it is realistic preparation for your careers — where you will often have to deal with real problems unexpectedly, with imperfect knowledge.

You should have already downloaded the class schedule, so please review that this evening. In a few moments, I'm going to start a short electronic slide show on the display above me. It will contain the subjects I'm going to cover in our first day's lecture.

訳

採点方法に関する話を聞きなさい。

今日は最初の授業ですので、みなさんが興味をお持ちであろうことについて少々時間を使いたいと思います。採点方法についてです。教授によっては、最も優秀な学生には最もよい点を与え、2番目の学生には2番目によい点を与えるといった相対法で評価する方もいます。その方法では評価の正規分布パターン、つまり上位に数名、下位に数名、そして中間に大多数という、統計学的な釣り鐘型になります。しかし、私はこの方法は使いません。代わりに、私のクラスの学生はそれぞれ、授業内容の習得度合いに基づいて評価され、採点されます。よって、私の授業の中では、上位評価の学生が多い、もしくは少数、まったくいない、ということもありえます。この方法をよく思わない学生もいるでしょうが、みなさんの将来のキャリアに向けての現実的な準備なのです。そこでは絶対的業績と相対的業績の両方で判断されるからです。

みなさん個人の最終成績に関してですが、テストの点数45%、研究論文の点数45%、授業参加10%で構成されます。授業参加とは単に自発的に質問に応えるということを指しているわけではありません。講義の間、質問されるのは当然と思うべきです。もしあなたの回答があいまい、もしくは間違っていた場合、それはあなたにとって不利に作用するかもしれません。もう一度言いますが、これが不公平だと感じる方もいるかもしれません。しかしこれはあなたのキャリア、予期せぬ大問題を、知識不足であっても対処しなければならないことが多い世界に向けて、現実的な準備となるのです。

みなさんはすでに授業日程をダウンロードしているはずだと思いますので、今夜それを見直してみてください。まもなく、私の上にあるディスプレイを使って簡単な電子スライドショーを始めたいと思います。初日の講義で扱う主題を含んでいます。

47. 解答 C　CD 2 55

Question : According to the speaker, what effect does a scoring curve have?

質問 ： 話し手によると、相対評価が持つ影響は何か。

選択肢の訳

(A) 最も優秀な学生に悪影響を与える。　(B) 能力を適切に評価できない。

(C) 一定の統計的パターンを形成する。　(D) 学生を教材に集中させる。

解説 scoring curve とは、たとえば、最も優秀な学生には最もよい点を与え、2番目の学生には2番目によい点を与えるといった採点方法のこと。こうした方法では、creates a normal distribution pattern of grades, a statistical bell shape と言っているので (C) が一致する。(A)、(D) については述べられていないし、「能力を適切に評価できない」とは言っていないので、(B) も間違い。

48. 解答 D CD 2 56

Question : What does the speaker say is a way to prepare for careers?

質問 ： 話し手は、キャリアに向けて準備する方法は何だと言っているか。

選択肢の訳

(A) 適切な授業を受けること。
(B) クラス内で高い順位に位置すること。
(C) 自発的に他者を助けること。
(D) 実際に近い経験をすること。

解説 「キャリアに向けた準備」については、評価方法と授業への参加に関して、2回述べている。1回目は「絶対的業績と相対的業績の両方で判断される」こと、2回目は「予期せぬ大問題を、知識不足であっても対処しなければならないことが多い」ということが、将来のキャリアで起こるのだとしている。つまり、実際のキャリアでの評価と同じ評価法をとると言っているので、(D) の内容が一致する。

49. 解答 A CD 2 57

Question : What should listeners expect during lectures?

質問 ： 講義の間、聞き手が当然と思うべきことは何か。

選択肢の訳

(A) 教材について質問されること。
(B) あいまいな点について助けてもらうこと。
(C) 徹底した調査を割り当てられること。
(D) 予定外の小テストがあること。

解説 話し手は、You should expect to be asked questions during lectures. と言っている。講義の間、いくつか質問されるということだが、当然それは講義の内容についてなので、(A) が正解。(B)、(C)、(D) については述べられていない。

50. 解答 B CD 2 58

Question : What will likely happen next?

質問 ： 次に何が起こると考えられるか。

選択肢の訳

(A) 電気製品が分析される。
(B) 講義の主題が示される。
(C) 講義の問題点が E メールで送られる。
(D) 座席表が表示される。

解説 最後に、「ディスプレイを使って簡単な電子スライドショーを始める」と言っており、その内容については It will contain the subjects I'm going to cover in our first day's lecture. と言っているので、(B) の内容が一致する。electronic や display などのように、文章中に聞こえてきた単語に引きずられて (A) や (D) を選ばないこと。

Structure 解答・解説

問題は「別冊①」の44ページより

例題の解説は56ページにあります。

1. 解答 D

インフレとは、長期にわたって物価が劇的に増加する状態のことである。

解説 **<派生語>**
空所のすぐ後に is という動詞があり、補語が続いているので、空所に入るのは主語となる名詞だとわかる。選択肢の (A) は動詞、(C) は形容詞なので、主語にはならない。(B) は名詞だが、a condition とは言えないので、これも不適切。名詞の (D) が正解。

2. 解答 C

ダイヤモンドは地下深部で高温と高圧により形成され、火山活動を通じて地球の表面に現れる。

解説 **<名詞 surface>**
文の前半は、ダイヤモンドが地中深くで形成されることを述べ、「火山活動によって」rising (= and rise) to ～「～へ浮かび上がる」と説明している。地球のどの部分へ浮かび上がるのかを説明する語が空所に入るはず。選択肢でこの文脈に合うのは (C) のみ。

3. 解答 A

ジェシー・ジェームズは悪名高い無法者となる以前、南北戦争中には非正規兵として従軍した。

解説 **<時制>**
Before ... outlaw は副詞句なので、Jesse James が主語、空所に動詞が入るという構造だと考えられる。(B) と (D) は空所に入れても文にならない。また、Before や Civil War から昔のことだとわかるので、現在完了形の (C) も不適切。過去形になっている (A) が正解。

4. 解答 A

ハゲワシや虫、その他の腐肉食動物は、死んだ有機物質が環境へ循環されるのに重要な役割を果たす。

解説 **<形容詞 other>**

play が動詞、role が目的語なので、Vultures ... scavengers が主部と判断できる。scavengers は「死体を食べる動物」の意味だが、それがわからなくても、空所は scavengers を修飾する形容詞と推測できるので (D) は不適切。また scavengers が複数なので (B) (C) も合わない。(A) が正解で、vultures と worms (いずれも scavengers に含まれる)、その他の scavengers が主部なのだとわかる。

5. 解答 D

マーク・トウェインは痛烈な風刺で最もよく知られている、アメリカの最も偉大な作家の1人だった。

解説 **<副詞 best>**

空所の後は、前の one (of America's greatest writers) を修飾している。修飾句は known という過去分詞が中心となっているので、空所には known を修飾する副詞が入る。よって (D) が正解。best known for ～で「～で最もよく知られている」の意。

6. 解答 C

組織犯罪はニューヨークやシカゴといった大都市で、それらの地域のしばしば混沌とした生活環境につけ込むことから始まった。

解説 **<付帯状況を表す分詞>**

コンマ後の部分が前の部分の付帯的な状況を表すというつながりになっているが、それをつなぐものがない。空所に動詞の分詞形を入れて分詞構文にすればよい。現在分詞の (C) が正解。capitalize on ～ は「～につけ込む」という意味。

7. 解答 D

20世紀最後の数十年で、光ファイバー線は多くの情報通信ネットワークにおいて銅ケーブルの代替として使われ始めた。

解説 **<begin to do>**

空所の前に began があることに注目。begin は目的語に動名詞または to 不定詞を取るので、(D) が正解と判断できる。

8. 解答 A

動物細胞は食物を生物の生命維持に必要なアミノ酸に変える。

解説 <派生語>

Animal cells が主語、空所の後には food という名詞があり、文の中心となる動詞がないので、空所には動詞が入ると判断できる。(A)「～を（…に）変える」(動詞)、(B)「変化」(名詞)、(C)「変えられる」(形容詞)、(D)「変換可能で」(副詞）から、(A) が正解。

9. 解答 C

インドネシアは最も人口の多いイスラム国家であり、2億3,800万人いる国民の大部分がイスラム教を信仰している。

解説 <最上級>

空所の前には the most があるので、空所には形容詞または副詞が入って最上級を作るものと判断できる。(A) は名詞、(B) は動詞なので不適切。空所の後には Muslim state という名詞があるので、空所に入るのは形容詞ということになり、(D) の副詞は除外される。形容詞の (C) が正解。

10. 解答 C

物体が加速するほど時間はゆっくり進む。それは、光に近い速さで動く人はじっと立ち止まっている人よりも老化が遅くなることを意味する。

解説 <動詞の形>

meaning that 以下の節の構造を考える。traveling ... light は a person を修飾しているので、a person ... light までが主部、slower 以下は副詞句なので、空所に入るのは動詞だとわかる。(B) と (D) はそのまま入れられる形ではないので除外される。主語は a person なので、現在形であれば動詞に s が付かなければならない。したがって、(A) は間違いで、(C) が正解。この内容は理論上のことでしかないため仮定法が用いられ、「もしそのような人がいるなら」というニュアンスが含まれる。

11. 解答 B

リカオンの群れは、獲物が疲れ果てて攻撃に屈するまで追い回すことで、大きな動物でもしとめることができる。

解説 <succumb to ～>

選択肢はすべて動詞。空所の後には目的語がないので、自動詞で、後ろに to を伴うものを考える。succumb to ～で「～に屈する」という意味になり、文脈にも合うので (B) が正解。

12. 解答 C

リチャード・ニクソンは、直面していた弾劾裁判に取り組むのではなく辞任した最初の米国大統領となった。

解説 <代名詞>

空所は facing の目的語。facing は、which was facing の意味で、その前の impeachment「非難、弾劾」を修飾している。impeachment の対象は文脈から判断して、Richard Nixon。したがって、(C) の him が正解。

13. 解答 C

データの正規分布はベルの形をした曲線、つまり中央部分が広く、両端が細長い状態として現れる。

解説 <前置詞 as>

distribution は「分布」という意味。空所の前に動詞 appears があり、「データの分布」がどのように現れるかという内容。空所の後は a bell-shaped curve と続いているので、前置詞が入ると考えられる。(B) と (C) のうち、「～として」という意味の (C) が正解。

14. 解答 C

ジャクソン・ポロックは、彼のダイナミックな芸術作品と型破りな生き方をしたことで記憶に残されている。

解説 <受動態>

remember は「覚えている、思い出す」という意味。空所の後に for があることから、「Jackson Pollock が覚えている」という意味ではなく、「～で覚えられている」という受身を表すと判断できる。したがって、〈be＋過去分詞〉の (C) が正解。(A)、(B)、(D) はいずれも文法的に不適切。

15. 解答 B

部分的にエネルギーで、部分的に物質な粒子もあるかもしれない。その考えは、この2つの実体は独立しているとするアインシュタインの概念を揺るがしている。

解説 <名詞の意味>

空所の後の that は同格を導く接続詞。two entities are separate というのは、文脈からも Einstein の理論であることがわかるので、(B)「概念」が正解。(A)「位置」、(C)「学年、評価」、(D)「分離」はいずれも文脈に合わない。

Written Expression 解答・解説

問題は「別冊①」の47ページより

例題の解説は61ページにあります。

16. 解答 D 正しい形 industrial ⟶ industry

シカゴは、商品取引から鉄道業にまで及ぶ、高度に多様化された経済を発展させた。

解説 <range from A to B>

range from A to B「A から B に及ぶ」の A と B には名詞（句）が入る。industrial は「産業の」という意味の形容詞。「産業」の意味の名詞は industry。that は関係代名詞で、先行詞は (a highly diversified) economy。

17. 解答 C 正しい形 manage ⟶ managed

米国の公立学校の学区はその地域で資金を得て管理されており、このことが学業成績の不均衡に反映されている。

解説 <接続詞 and>

funded and manage の and は並列の関係にあるものを結びつける接続詞。funded は動詞の過去分詞なので manage も過去分詞にする。副詞 locally「地元で」は funded と managed の両方を修飾している。

18. 解答 A 正しい形 communication ⟶ communicate

イルカはクリック音とホイッスル音の連続で互いにコミュニケーションをとるが、これが実際に言語と言えるものなのかははっきりしていない。

解説 <名詞と動詞>

although 以降には主語と動詞 (it is) があり文として成り立っており、Dolphins ... whistles と it is 以降、という2つの文が although によってつながっていることがわかる。Dolphins ... whistles が1つの文だとすると、動詞がないことがわかるので、主語 Dolphins に続く communication を動詞にすればよい。

19. 解答 D 正しい形 that ⟶ from

製造業の外部委託の始まりは1960年代にまでさかのぼるが、加速したのは1980年代からである。

解説 <前置詞>

that が関係代名詞だとすれば後に続くのは動詞または〈主語＋動詞〉だが、その形にはなっていない。from ～ onward で「～以降」を表し、～には時を表す語句が入る。したがって、from が適切。as far back as ～は「～にまでさかのぼって」という意味。

20. 解答 B　正しい形 pushing down on ⟶ push down on

ホッキョクグマはその体が非常に重いことを生かし、氷盤を押し下げ砕いて氷盤の下にいるアザラシの子を狩る。

解説 **<不定詞>**
weight の後にある to は前置詞ではなく不定詞で、続く動詞は原形になる。「～するために its great weight を使う（使って（その結果）～する）」という意味。その「～」にあたる不定詞が push down on と break で、and がその2つの動詞を結びつけており、ice floes が2つの動詞の共通の目的語。

21. 解答 A　正しい形 protect ⟶ protects

証券取引委員会は通常の取引損失ではなく詐欺から投資家を守る。

解説 **<主語と動詞の一致>**
主語は The Securities and Exchange Commission「証券取引委員会」。Securities and Exchange となっているが Commission が単数なので動詞はこれに一致させる。また、これは事実を表す文なので時制は現在形。したがって、protects とする。protect ～ against ... は「～を…から守る」という意味。

22. 解答 D　正しい形 much ⟶ many

電流は多くの通信回線で用いられている銅などの伝導体を容易に通過する。

解説 **<many と much>**
communication lines「通信回線」は複数形になっていることからもわかるように数えられる名詞。数えられる名詞を修飾するのは much ではなく many「多数の」。much は数えられない名詞を修飾する「多量の」の意味の形容詞。

23. 解答 A　正しい形 At ⟶ When

ある種の魚は危険が迫ると、攻撃してくる生物を混乱させるため、大きな旋回する球状の編成を組んで泳ぐ。

解説 **<接続詞>**
threatened は threaten「～を脅かす」の過去分詞で、接続詞 when を前に置くと「脅かされたときに」となり意味が通る。when や while のような接続詞の節の主語が主節の主語と同じ場合は〈主語＋be 動詞〉が省略される場合がある。ここは When some species of fish are threatened ということ。

24. 解答 C 正しい形 are responsibility ⟶ are responsible

生物学者たちは、人間の行動機能障害の大半は化学的不均衡によるものであると信じ始めている。

解説 <be responsible for ～>
that 節は chemical imbalances「化学的不均衡」が most human behavioral dysfunction「人間の行動機能障害の大半」の「原因である」という意味のつながりだと考えられる。responsibility「責任、義務」は名詞で、「化学的不均衡は責任である」では意味が通らない。be responsible for ～「～の原因である、～に責任のある」とすれば意味が通るので、responsible が正しい。come to do は「～するようになる」という意味。

25. 解答 B 正しい形 that ⟶ such

アメリカ合衆国大統領は2期に限定されるが、国会議員にそのような制限は存在しない。

解説 <such>
that の後に名詞がくる場合は単数形となるが、ここは複数形の limits になっている。また、this や that の前には no のような冠詞相当語句はつかない。「そのような」の意味になる such にする。such は no, any, some など、あるいは数詞と用いるときはその後に置く。

26. 解答 C 正しい形 large ⟶ largely

かつて北米の平原を放浪していたバッファローの大きな群れは、規制のない狩猟のためにほぼ絶滅した。

解説 <副詞>
eradicated は eradicate「～を根絶する」の過去分詞。過去分詞を修飾するのは形容詞 large「大きい」ではなく副詞の largely「大いに、主として」。この through は原因や理由を表して「～のために」の意味で使われている。

27. 解答 C 正しい形 at ⟶ in

ペストは中世に入っても、アジアやヨーロッパにおいて繰り返し発生し、定期的に何百万人もの人々を死に至らしめる世界的流行病になった。

解説 <前置詞>
Asia and Europe「アジアやヨーロッパ」のような広い地域の前につける前置詞は at ではなく in を用いる。at の後には狭い場所や地点がくる。well は通例、時や場所を表す副詞や前置詞の前で「かなり、相当」の意味になる。

28. 解答 C 正しい形 reflecting ⟶ reflect

コンクリートとガラスで覆われた大都市は、「ヒートアイランド」、つまり太陽熱の放射を反射し、その地域の温度を上昇させる状態になっている。

解説 <関係代名詞>
which は関係代名詞なので節の中には動詞が必要。which は前の文の複数名詞 heat islands を受けている主格の関係代名詞なので reflect にする。which 以下は heat islands の補足説明で、その中の and は reflect と raise の2つの動詞を結んでいる。

29. 解答 **A** 正しい形 territory ⟶ territorial

ムースは縄張り意識が強く、えさを得る小川を共有するとき以外は互いを許容しない。

解説 **<名詞と形容詞>**

Moose の意味がわからなくても、are の後に名詞 territory の単数形がくるのはおかしいとわかる。また意味の上でも、moose「ムース (ヘラジカの1種)」= territory「領土」ではおかしい。territory の形容詞 territorial「地域的な、(動物などが) 縄張り意識が強い」にする。exceptions 以下は exceptions are when ... という文を分詞構文にしたもので、文の主語 moose とは主語が異なるので being の前に exceptions がある。この feed は自動詞で「(動物が) えさを食べる」という意味。

30. 解答 **D** 正しい形 else ⟶ elsewhere

アパラチア山脈にある地域社会には、他には見られない音楽や方言など独特の文化がある。

解説 **<else>**

else は「その他に」の意味で anybody, someone, nothing, somewhere などや all, much, little の後で用いるので found のような過去分詞の後に置くことはできない。文の前半は「アパラチア山脈にある地域社会には、独特の文化がある」という意味。「独特の文化」を具体的に説明しているのが「〜見られない音楽や方言」なので「他の所で」の意味の elsewhere にする。ここでは anywhere else でも同じ意味を表すことができる。

31. 解答 **D** 正しい形 on ⟶ of

アメリカの法律制度は、判例という概念、すなわち過去の裁判や判決の慣習の上に成り立っている。

解説 **<前置詞>**

usage はここでは「慣習、慣例」、past cases and rulings は「過去の裁判や判決」の意味。これをつなげるのは「〜の」の意味になる of。be built on 〜「〜の上に成り立っている」、precedent「判例、慣例」。

32. 解答 **D** 正しい形 vary from ⟶ varying from

新しい物理理論は、宇宙は多数存在しているかもしれず、そのうちのいくつかは、他とほんの少ししか違わないとしている。

解説 **<分詞構文>**

2つの文をつなぐには接続詞が必要だが、接続詞がないので、コンマの後の文を分詞構文にする。分詞構文の主語は some (= some universes)、動詞は前の文と同じ時制なので 〜ing をつけて現在分詞にする。

33. 解答 B 正しい形 it ⟶ which

空気分子は摩擦を生み出し、そしてその摩擦が動いている車や飛行機の運動量を減退させる。

解説 **<関係代名詞>**
文が2つあるが、接続詞がない。it は前の friction「摩擦」を指すが、これを接続詞と代名詞を兼ねる関係代名詞にする。主格の代名詞 it の代わりをするのは which。前にコンマがあるので関係代名詞 that にすることはできない。

34. 解答 B 正しい形 those ⟶ the [that]

スペインの無敵艦隊は、当時非常に恐れられていたが、組織としてのまとまりに欠け、イギリス海峡に入るやいなや混乱状態に陥った。

解説 **<指示形容詞>**
those の後には複数名詞がくるが time は単数名詞なので、at the [that] time「その当時」とする。Although の後には the Spanish Armada was が省略されている。upon [on] ～ing は「～するとすぐに」という意味。

35. 解答 C 正しい形 contribution to ⟶ contribute to

動物や植物の突然変異には、種の長期生存に寄与する環境優位性が含まれていることがある。

解説 **<関係代名詞>**
that は environmental advantages を先行詞とする関係代名詞だが、that の後に動詞がないので、名詞 contribution を動詞 contribute にする。contribute to ～で「～に寄与する」という意味。mutation「突然変異」、species「(生物分類上の) 種」。

36. 解答 B 正しい形 capacity of ⟶ capable of

川や氷河には、何千年もかけてグランドキャニオンのような地質学的奇跡を形成する能力がある。

解説 **<be capable of ～>**
capacity は「能力」の意味の名詞なので「川や氷河」=「能力」という関係は成り立たない。be capable of ～で「～する能力がある」という意味なので、capacity を capable にする。wonder は数えられる名詞の場合は「不思議なもの、驚異、奇跡」の意味になる。

37. 解答 **B** 正しい形 neither ⟶ nor

人間は長きにわたって、かぎ爪でも堅い外皮でも速さでもなく、知能を用いて自然界を戦ってきた。

解説 **<neither A nor B nor C>**
neither があるので neither A nor B (nor C)「A も B も (C も) ～ない」の形にする。A, B, C には同じ品詞や働きの語句が入る。long には形容詞「長い」だけでなく、副詞で「長く」の意味もある。

38. 解答 **B** 正しい形 abruptly ⟶ abrupt

砂漠の気温の変化は、燃えるような暑さの昼間から、打って変わって夜の厳しい寒さへと、急激に起こりうる。

解説 **<形容詞と副詞>**
Temperature changes in a desert「砂漠の気温の変化」が主部の文。副詞の abruptly「急に」は be 動詞の後の補語としては不適切。形容詞の abrupt「急な」にする。with は付帯状況を表し、〈with＋名詞＋～ing〉で「(名詞) が～している状態で」という意味。名詞は days of searing heat「燃えるような暑さの昼間」で、その後に give way to ～「～に取って代わられる」の～ing形が続いている。

39. 解答 **A** 正しい形 aside ⟶ during

ソ連とアメリカは、第2次世界大戦中は連合国であったが、1945年以降すぐに危険な競争状態に陥った。

解説 **<during>**
aside は「わきへ、別にして」の意味の副詞で、文法的にここには入らない。仮に入ったとしても意味が通らない。この文は Allies ... World War Two の前に Being が省略された分詞構文。「ソ連とアメリカ」は「第2次世界大戦中の連合国」という意味になり、aside を前置詞 during「～の間中ずっと」にするのが正しい。

40. 解答 **B** 正しい形 celebrate ⟶ celebrated

ピタゴラスは哲学と倫理学の作品も書いたが、依然として著名な数学者であり続けている。

解説 **<形容詞>**
celebrate は動詞で「～を祝う」の意味。冠詞 a と名詞 mathematician「数学者」の間に入るのは形容詞なので「著名な」の意味の celebrated にする。

問題は「別冊①」の53ページより

例題の解説は68ページにあります。

Questions 1-10

全文訳

よく知られているように、幼児はすぐに言語を習得することができる。母語ではない言語を大人が何年も何十年もかけて熱心に勉強しても、幼児がほとんど苦労せずに得る流暢さを手に入れられないことがある。これは幼児の脳の遺伝的設計によるものである。この設計により幼児は、大人にはできない方法で言語を習得しやすくなるのである。

もともと学者たちは、幼児の言語理解は大人が話すことを聞くことで発達すると主張していた。この理論の欠陥は、人間の言語は膨大で、幼児はその語彙や文法構造のごくわずかにしか触れないということである。神経科学の進歩に伴い、聞くという要素は言語の習得にとって重要であるが、幼児の脳の生物学的な構造の方がより決定的な要素であることが強調された。

具体的に言うと、幼児の脳は神経関与として知られる知的能力、つまり言葉のごく小さな部分から言語のパターンに注目して予測する能力を使うよう遺伝的に作られている。幼児の脳は、語と語や文と文の間の区切り同様、母音や子音といった音と音との間の統計的パターンを認識する。言語全体の文法的基盤を正確に予測するためにこの知的能力が使われるのである。統計に基づく音に関連したこの予測能力はとても強いため、幼児は長い曲の中で個々の音を聞き分け予測することができる。

神経関与は幼児が1つの言語を習得するように幼児の脳を固定するので、大人や幼齢期を過ぎた子どもの場合、非母語を学習するのがとても難しくなる。いったん脳が固定されてしまうと、新しいコミュニケーションのパターンは計画的な学習によってしか身につかなくなってしまうのだ。神経関与は2つ以上の言語を受け入れることができるが、これは幼児がその固定期間中に定期的に2つ以上の言語に直に触れた場合だけで、そのような場合、子どもは自然に多言語を使いこなせるようになるのである。

神経関与は必ずしも音が基盤になっている必要はない。研究によれば、聴覚障害を持つ幼児も、語彙と文法構造のたとえ一部分にでも直に触れれば、前述の統計と予測の知的能力を使ってネイティブレベルの手話を習得することができるのである。

1. 解答 C

このパッセージの主題は何か。

選択肢の訳

(A) 言語間の類似点
(B) 乳児と子どもの適切な世話
(C) 言語発達の生物学的基盤
(D) 幼児の能力間の違い

解説 全体を把握するには、最初の段落、特に第1文が大きなヒントになることが多い。第1文にはinfants can learn languages quickly とあり、その後は子どもの言語習得能力について述べられている。またその後も各段落の第1文を見ると language comprehension、linguistic patterns など、生物学的な観点から言語習得能力に関する記述が続いているので、選択肢の中では (C) が正解と判断できる。

2. 解答 D

著者が大人の非母語学習について言及している目的はどれか。

選択肢の訳

(A) 幼児と同じ方法のいくつかを大人が使えることを提示するため
(B) ネイティブレベルまで流暢になるには何年必要かを示すため
(C) 複雑すぎて簡単には習得できない言語があることを指摘するため
(D) 言語を習得する能力が時間の経過とともにどのように低下するかを説明するため

解説 第1段落第1文と比較対照して、第2文には、大人の場合には non-native language の習得に何年かけても幼児が獲得するような fluency に至らないということが書かれている。その後にも、いかに子どもの脳が言語習得に適しているかという説明が続くので、子どもから大人に成長するにつれて言語習得能力が衰えるということがわかる。したがって、(D) が正解。

3. 解答 A

第2段落の構成の説明として最もふさわしいのはどれか。

選択肢の訳

(A) 後に修正を伴う理論
(B) 確立された考えの確認
(C) 確固たる結論のない推量
(D) 新たな証拠の却下

解説 第1文はかつての学者たちの主張、第2文はその理論の欠陥、第3文では新しい理論が紹介されている。つまり、古い理論が新しい理論に取って代わられたということで、(A) の内容と一致する。

4. 解答 C

10行目の component という語に最も意味が近いのはどれか。

選択肢の訳

(A) 行動
(B) 時間
(C) 部分
(D) 考え

解説 neuroscience について説明する文の中でこの listening component という言葉が使われており、biological makeup と比較されている。「大人の言葉を聞き取るという要素も大切だが、脳の構造がもっと大切だ」という意味なので、選択肢の中の (A)、(B)、(D) は文脈から排除できる。listening component とは「(幼児の言語習得を可能にしている要素として) リスニングという部分」の意味なので、(C) が正解。

5. 解答 D

このパッセージによると、神経関与によって幼児ができることはどれか。

選択肢の訳

(A) 非母語を母語に翻訳すること
(B) 子音に移る前に母音に着目すること
(C) 個人特有の文法を発展させること
(D) 言語を習得するためにパターン認識を使うこと

解説 該当部分は第3段落。第1文で neural commitment が言語パターンの推測能力であることを述べ、以降で An infant brain recognizes statistical patterns among sounds、また次の文で、It uses this capacity to accurately predict the grammatical foundation of the entire language. と具体的に説明している。つまり、pattern を認知し、それを使って音や文法を予測していくという意味なので、(D) が正解。

6. 解答 B

12行目の primed という語に最も意味が近いのはどれか。

選択肢の訳

(A) 優れた
(B) 準備された
(C) 遮断された
(D) 知能の高い

解説 文の構造は、「幼児の脳は neural commitment として知られている能力を使うために遺伝的に〜である」という形。(A) は比較を表す語なので、比較の対象が必要。(C) はこの文脈とはまったく関係がない。(D) は「知能の高い」という意味だが、特別に知能が高いから神経関与を使うということではない。「準備ができている」という意味の (B) が正解。

7. 解答 B

著者が音楽作品の音に言及しているのはなぜか。

選択肢の訳

(A) 言語の流暢さによって音楽能力が形成されることを示すため
(B) 異なる音を発見し予測する能力を説明するため
(C) 音楽が乳幼児の気分を著しく向上させることを示すため
(D) 幼児が多言語を習得できることを証明するため

解説 musical piece については、第3段落最後の、so 〜 that ... という部分で言及されている。その中心となるのは前半の This ... predictive capability ... is so powerful の部分で、その能力の大きさを強調するために that 以下の音楽のことが述べられているので、(B) が正解。

8. 解答 D

23行目の deliberate という語に最も意味が近いのはどれか。

選択肢の訳

(A) 伝統的な
(B) 共同の
(C) 異論のない
(D) 目的のはっきりした

解説 この段落の最初の文で、子どもの脳は1つの言語しか習得せず、いったん母語が脳に lock されると、それ以外の言語を習得するのは難しいと説明されている。この文脈の中で、「新しいコミュニケーションのパターンは〜な学習によってしか身につかなくなってしまう」と書かれているのだから、(A)、(B)、(C) は関係がないとわかる。study を修飾するのに最もふさわしいのは (D)。

9. 解答 D

このパッセージによると、幼児が自然に多言語を使用できるようになるのはどの場合か。

選択肢の訳

(A) 非常に能力の高い大人に教わる場合
(B) 1種類の話し言葉に固定されない場合
(C) 聞くのを2言語以下に限定する場合
(D) 特定の段階でコミュニケーションに直に触れる場合

解説 multilingualism については、第4段落の終わりに making a child naturally multilingual として述べられている。この文は、if the infant is exposed to them regularly during the locking period とあり、その結果を表す分詞構文が making a child ... で、その場合にのみ神経関与は2つ以上の言語を受け入れられる、という構文。if 以下が条件であり、したがって (D) が正解。

10. 解答 C

著者が手話の使用に言及しているのは何を示すためか。

選択肢の訳

(A) 聴覚障害を持つ子どもは神経関与に頼ることができないこと
(B) 手話には複雑な言語体系が欠けていること
(C) コミュニケーションの発達は話し言葉に限定されていないこと
(D) ボディランゲージは音よりもよりよく意味を伝えられること

解説 sign language については最後の段落で述べられている。最後の段落の第1文は Neural commitment does not necessarily have to be based on sounds.「神経関与は音が基盤になっている必要はない」。続いてその実例として、耳の聞こえない子どもが手話を覚える過程について説明されているので、(C) の内容と一致する。

Questions 11-20

全文訳

ブラックホールは宇宙において最も興味深い現象の1つである。ブラックホールは大量の物質が極度に小さな空間に圧縮されることによって生じた結果である。こうしてできたブラックホールは、光さえ脱出できないほど強力な引力を発生する。太陽の質量を1太陽質量とすると、通常のブラックホールは数太陽質量より小さいと考えられている。超大質量ブラックホールの太陽質量は数十億になるとも言われている。これらは各銀河の中心にあり、銀河の創造主とも考えられている。

この銀河の創造はいくつかの段階を経て起きているようだ。まず、渦巻いたガスが崩壊して超大質量ブラックホールになる。その後、超大質量ブラックホールの引力範囲内に残ったガスが中に引き寄せられる。この現象が起きると残留ガスは強く圧縮され、その結果過熱状態となり、まばゆい光を発する。この光を周囲に伴った超大質量ブラックホールがクエーサーである。この実体が周辺のガスをすべて吸収したときに初めてクエーサー期が終わり静かになり、その存在の明らかな証を示さなくなる。これが我々の銀河の中心に超大質量ブラックホールがある状態だと考えられている。

超大質量ブラックホールが吸い込むには遠すぎる場所にあるガスと物質も、最終的にはそのブラックホールを取り囲む安定軌道に収まっていく。こうした軌道には、超大質量ブラックホールに比較的近い距離にあるものもあれば、比較的離れたところにあるものもある。銀河とは単に、超大質量ブラックホールを周回する星やその他の物質がこうして集まり、新たに形成されたものである。

新しい銀河の中の星は、その銀河の出現以前に存在したものと同じ物質からできている。これらの星は、超大質量ブラックホールの創造期に、その周りに初期の軌道—今では遠くに離れてしまっているが—を形成していたのである。このため、銀河の端にある星は、もはや遠すぎて超大質量ブラックホールの引力の影響を受けないにもかかわらず、銀河の末端にあっても中心に最も近い星と同じスピードで超大質量ブラックホールの周りを回るのである。

11. 解答 D

このパッセージで主に議論されていることは何か。

選択肢の訳

(A) ブラックホールのさまざまな位置
(B) 宇宙の始まり
(C) 星からの惑星系の創造
(D) 銀河の発展の主な特徴

解説 トピックセンテンス（主題文）を含むことの多い第1段落を見ると、black hole について書かれていることがわかる。残りの段落を見ても、このパッセージが black hole について書かれていることがわかるが、その位置について述べられているわけではないので、(A) ではない。第2段落の最初に galaxy creation という言葉があり、galaxy の誕生のメカニズムについて説明されている。black hole を通して銀河のことが全体で述べられているので、正解は (D)。

12. 解答 B

1行目の phenomena という語に最も意味が近いのはどれか。

選択肢の訳

(A) 概念
(B) 事物
(C) 場所
(D) 距離

解説 この phenomena は black holes のことを説明している。また、修飾している語が interesting であることから、(C)、(D) とは考えにくい。次の文の主語 They は同じ black holes を指しており、consequence of a large amount of matter ... とあることから、ある現象を指していることがわかる。ここでは (B) が最も文脈に合う。なお、phenomena は「現象」のこと。

13. 解答 A

第1段落によると、ブラックホールが強力な引力を持つ理由はどれか。

選択肢の訳

(A) 膨大な量の物質を圧縮するため
(B) 数太陽質量から数十億太陽質量へと成長するため
(C) 物質をある形から別の形へ変形させるため
(D) 各銀河の中央にあるため

解説 第1段落第2文に、They (=Black holes) are the consequence of a large amount of matter being forced into an extremely small space. とあり、その結果として、black hole ... generates gravity とあるので、ブラックホールが強力な引力を持つのは、大量の物質が極度に小さな空間に圧縮されるためだとわかる。よって正解は (A)。

14. 解答 C

第2段落では主に何が議論されているか。

選択肢の訳

(A) 宇宙の構成
(B) 2つのクエーサーの衝突
(C) 宇宙の物体の変化過程
(D) ブラックホール間の距離

解説 第1文に This galaxy creation seems to happen in several steps. とあり、続いて、Firstly, とあるので、この段落では galaxy creation の steps について説明されているものと予想できる。ブラックホール周辺のガスがブラックホールに吸い込まれ、強く圧迫されて光を放ち、やがてすべてのガスがなくなって無の状態になるという、物体の変化の過程を示しているので (C) が正解。

15. 解答 B

銀河の特徴として著者が言及していないのは次のどれか。

選択肢の訳

(A) 銀河のもともとの構成
(B) 他と比較した銀河の形
(C) 銀河のガスの反応
(D) 時間とともに変化していく段階

解説 第2段落では galaxy が創造される過程を説明しているので (D) に一致し、第2文で Firstly として最初の構成物質が示されているので、(A) の内容も含まれる。続いて gasses がどのような動きをするかも説明されているため (C) も言及されている。(B) の galaxy の形の比較については述べられていないので、これが正解。

16. 解答 B

12行目の brilliant という語に最も意味が近いのはどれか。

選択肢の訳

(A) 複雑な
(B) 強烈な
(C) 方向を持った
(D) 速い

解説 同じ文にある superheated という語から、非常に高温になって放たれる光だということで、光もおそらく非常に強いものだと想像できる。よって考えられるのは (B)。

17. 解答 A

13行目の it という語が指すものはどれか。

選択肢の訳

(A) 実体
(B) クエーサー
(C) 兆し
(D) 存在

解説 この文は Only ... gasses という副詞句を強調のために文頭に出した倒置の文。そのために助動詞 does が主語 it の前に使われている。普通の語順にすると、it ends the quasar phase ... only when ... となる。その前の文に、A supermassive black hole ... is a quasar. とあるので、ends the quasar phase の主語は black hole である。またこの it を含む文の前半では、entity has consumed all surrounding gasses とあり、この段落の前半の内容から考えて、周囲にあるガスを引き込んで燃やしているのは black hole。したがって、この entity も black hole を指すことがわかり、it＝black hole＝entity となる。

18. 解答 B

このパッセージから推論される主張は次のどれか。

選択肢の訳

(A) 銀河がどのように生成されるかほとんどよくわかっていない。
(B) 1つの銀河のすべての星は同じ物質から発展した。
(C) 引力は特定の銀河の膨張を制限する。
(D) 大半の銀河は明確な軌道を持たない星で構成されている。

解説 (A) の how galaxies are generated については第2段落に述べられているが、Little is really known とは書かれていない。(B) については第4段落に述べられている。The stars in the new galaxy are composed of the same matter とあるので、これが正解。(C) の gravity については第1段落に述べられているが、膨張については述べられていない。(D) の orbits については第3段落に述べられているが、without clear orbits ということについては述べられていない。

19. 解答 C

最終段落において、著者が銀河の末端に言及しているのは何を説明するためか。

選択肢の訳

(A) 超大質量ブラックホールが引力を失うことはないということ
(B) 大規模な銀河の質量は本質的に不安定なこと
(C) 星の移動パターンは銀河形成時に決まること
(D) 光は環境に関係なく一定の割合で移動すること

解説 最後の文に、銀河の端にある星も、もう引力の影響を受けていないという事実にもかかわらず同じスピードで周回すると述べられている。つまり、最初に誕生したときのスピードで回っているという意味で、銀河が最初に作られたときに軌道を回る速度が決まるということ。したがって、(C) が正解。

20. 解答 B

著者が銀河形成の前と後に存在する物質について論じているのはこのパッセージのどの部分か。

選択肢の訳

(A) 18-20行目
(B) 21-22行目
(C) 22-23行目
(D) 23-26行目

解説 galaxy 誕生前後の matter について述べているのは最後の段落の1文目。the same matter (that was) present before its (= the galaxy's) emergence とある。この文の主語である The stars in the new galaxy は new galaxy の中にありながら、その galaxy ができる前から存在する物質でできている、ということ。この部分にあたる (B) が正解。

Questions 21-30

全文訳

19世紀終盤の数十年までには、アメリカにおける2つの大きな課題と言えば、女性の投票する権利（一般的に参政権と呼ばれる）、そして禁酒（アルコールの節制またはその販売・消費の廃止）であった。進歩主義者と禁酒推奨者たちの同盟はこれら2つの課題をアメリカ政治の最前線へと推し進めた。

キリスト教禁酒婦人連盟（WCTU）をはじめとする禁酒主義組織が19世紀後半から20世紀初頭にかけてアルコールの反対運動を熱心に行った。これは彼らの聖書の言葉の解釈によるところもあるが、家庭におけるアルコールの影響にも起因していた。アルコール依存症の夫は家族を養うことができず、家族を貧困状態に追い込んでしまう、これが社会全体に広く悪影響をもたらしていた。WCTUは保守派であったが、アルコールを撤廃する手段として女性の参政権を支持した。女性有権者は禁酒主義を支持する政治家を選出するだろうとWCTUは考えていたのだ。

進歩主義者は、労働者の権利拡大、貧困者支援、企業の荒廃の終結などを含めた総合的な社会政治的政策要綱の一環として、女性の参政権を支持した。WCTU同様、進歩主義者もアルコールを、労働者階級と貧困層においては特に、破壊的な力と考えていた。進歩主義者も禁酒運動組織も、アルコール製品を過度に市場に出しているとしてアルコール産業を非難した。これに対してアルコール産業は反禁酒主義組織や反参政権組織を支持し資金提供を行った。

進歩主義者と禁酒主義者との連携は不安定なものだった。なぜなら両団体の考えはより大きな視野においては相反していたからだ。WCTUは禁酒主義と女性の参政権を平和で敬けんで豊かな家庭を創造するための手段と考えていた。進歩主義者は禁酒主義と女性の参政権を、アメリカの社会構造と経済構造を根本的に変えるための方法と見なしていた。

しかし、20世紀の2番目の10年が終わりに近づく頃、アメリカの15の州が女性に完全参政権を与え、なお発展し続けるこの国の多くの地域でアルコールが禁止された。1919年から1920年にかけて、合衆国政府は企業からの猛反対を押し切って憲法改正第18条を可決し、アルコールの販売と製造を禁止した。その後すぐに改正第19条を可決し、全国的に女性に参政権を与えた。しかしこの2つの新たな法律のうち長続きしたのは一方だけであった。最終的に改正第18条は撤回されたが、改正第19条はすべての至難を乗り越え存続したのである。

21. 解答 D

このパッセージの第1段落の主な目的は何か。

選択肢の訳

(A) 以前の研究における問題を指摘すること
(B) 競合する理論を分析すること
(C) 個人の略歴を紹介すること
(D) 相互に関連する動向を概説すること

解説 第1段落では、19世紀末までに2つの争点（two major issues in America つまり女性の参政権と禁酒の問題）があったことが紹介されている。この段落はこの後に続く段落の内容、すなわち progressives と temperance promoters が深く関わり合いながらどのようにこの2つの争点をアメリカ政治の最前線へと推し進めたか、を紹介しているので、(D) が正解。

22. 解答 B

このパッセージによると、WCTU がアルコールに反対した理由として述べられていないのはどれか。

選択肢の訳

(A) 聖書に述べられている考え
(B) 女性の大量飲酒
(C) 家族構成への悪影響
(D) 社会組織への影響

解説 WCTU がアルコールに反対した理由については第2段落で示されている。まずは interpretation of Biblical texts が (A)、続いて the effect of alcohol on households が (C)、さらにその結果として、which had a wider negative impact on society as a whole が (D) にあたるが、(B) については述べられていない。したがって (B) が正解。

23. 解答 A

10行目の destitution という語に最も意味が近いのはどれか。

選択肢の訳

(A) 貧困
(B) 無知
(C) 退屈
(D) 怒り

解説 文の展開としては、An alcoholic husband could not provide for his family → driving them into destitution となっているので、destitution は家族を養えないことの結果であり、選択肢の中では (A)「貧困」が適切と推測できる。

24. 解答 C

著者は何の例として進歩主義者の貧困者支援に言及しているのか。

選択肢の訳

(A) キリスト教の正義と慈悲に対する信仰
(B) 禁酒主義組織とともに活動する意欲
(C) アメリカの脆弱な人々を救済することへの献身
(D) アルコール回避に起因する規制

解説 ヒントは第3段落の1文目にある。そこから、著者が進歩主義者の貧困者支援を例に挙げている理由は、それが弱い立場の人を救う進歩主義者の an overall sociopolitical platform（総合的な社会政治的政策要綱）の一環だったからだとわかる。したがって、正解は (C)。

25. 解答 D

15行目の depredations という語に最も意味が近いのはどれか。

選択肢の訳

(A) 不人気
(B) 破産
(C) 優柔不断
(D) 悪弊

解説 この段落は、1文目の progressives が目指していたこと（increasing the rights of workers, assisting the poor and ending corporate depredations）に続き、2文目には WCTU と進歩主義者の両方がアルコールは破壊的であると考えていたこと、3文目にはアルコールを過度に市場に出したことで業界を非難したことが書かれている。この流れから考えて、depredations の意味は (D) abuse に近いと判断できる。したがって (D) が正解。

26. 解答 D

著者によると、アルコール産業は自身の行動に対する批判にどう対処したか。

選択肢の訳

(A) アルコール依存症が実際に引き起こした被害を疑うことで
(B) いくつかの産業の規制に同意することで
(C) 過度に攻撃的な市場での売買を排除することで
(D) いくつかの組織に資金を提供することで

解説 第3段落の最後の文に、The alcohol industry ... supported and funded anti-temperance and anti-suffrage groups. とある。anti-temperance group と anti-suffrage group に資金を提供して支援したとあるので、(D) が正解。

27. 解答 B

禁酒主義者と進歩主義者の活動についてこのパッセージが示していることは何か。

選択肢の訳

(A) 両者は飲酒問題について対立した。
(B) 両者は国について異なる長期的計画を持っていた。
(C) 両者は宗教指導者の腐敗を暴きたいと考えていた。
(D) 両者はどんな目的においても協調を拒んだ。

解説 第4段落に、progressive-temperance alliance について書かれている。この alliance が不安定であったのは、the groups had broader visions that were at variance「彼らの考えはより大きな視野においては相反していた」からである。この段落によると、WCTU は平和で敬けんで豊かな家庭を作ることを目指していたのに対し、progressives は禁酒と婦人参政権をアメリカの社会構造と経済構造を根本的に変えるための方法と見なしていたので、(B) の内容と一致する。

28. 解答 C

29行目の It という語が指しているのはどれか。

選択肢の訳

(A) 改正
(B) 憲法
(C) 政府
(D) アルコール

解説 こういった問題ではまず直前の文を見るとよい。the United States government passed the 18th Amendment とあり、問われている It passed the 19th Amendment と構造が同じなので、It は同じ the United States government を指すとわかる。したがって正解は (C)。

29. 解答 D

このパッセージの前にくる段落では何が述べられていると思われるか。

選択肢の訳

(A) 民主主義の古典的定義
(B) アルコールが身体に及ぼす化学作用
(C) 他国における女性の歴史的役割
(D) 19世紀アメリカの社会的・政治的生活

解説 第1文に By the closing decades of the 19th century と書かれているので、その前の段落ではそれ以前のことが論じられていたと想像できる。選択肢のうち、この話題にスムーズに移行することができるのは(D) の「19世紀アメリカの社会的政治的生活」である。

30. 解答 B

著者が最も賛同すると思われる意見は次のどれか。

選択肢の訳

(A) アメリカの政治的同盟はうまく形成できないことが多い。
(B) どの法律が恒久的なものとなるか予測するのは難しい。
(C) 大企業に反対される政策が成立することはまれである。
(D) 女性が憲法に影響を与えることはずっと不可能であった。

解説 (A) は政治的な協力関係全体についての悲観的な意見であるが、ここではそのような全体的な展望は述べられていない。(C) についてはアルコール産業が反対したにもかかわらず禁酒法案が通過したという本文の内容と一致しない。(D) については、女性グループの運動によって新しい法案が通過したということと一致しない。最後の段落で述べられている、2つの通過した法案のその後から、(B) が正解。

Questions 31-40

全文訳

コウモリは、周辺を移動するために人間が目を使うのと同じくらい効果的に音を使う。大部分が人間の聴覚範囲を超える一連の音波がこの生物の喉または鼻から放射される。これらの音波が物体上で跳ね返り反響として戻り、すぐ近くの世界のかなり詳細なイメージとしてコウモリの脳に記録される。これは完全な暗闇においても同じで、コウモリが洞窟など光のない環境でも簡単に飛び、生き残れるゆえんである。

コウモリが受け取るイメージには、物体や生物の形、位置、相対運動に関する詳細な情報が含まれる。これは、コウモリがさまざまな周波数の音波を放射するからである。周波数が異なれば異なる方法、異なる速度で反響し、飛んでいる他のコウモリや岩、木などから羽をばたつかせ飛んでくる、多くの種類のコウモリにとって獲物である昆虫を識別することができる。コウモリはまた発した音波によって幾何学的表面を識別することもできる。反響はその表面によって異なって聞こえるのだ。こうしてコウモリは水を飲むための池や湖といった水平な静水面上に急降下したり、山腹などの垂直平面を回避したりできるのである。コウモリはまた、いくつかの種にとって食べ物となる果樹などの高くて細く丸々とした形や、コウモリによってはねぐらとすることもある割れ目などを、識別することもできる。

コウモリはこれらの音波を絶え間なく放射しているため、同じように絶え間なくこれらの反響を聞いている。1つの音波の放射とその反響は1000分の1秒の間隔で繰り返し起こる。混乱を避けるため、コウモリは音波を放射するときには中耳の一部を収縮させ、戻ってきた反響をはっきりと聞くときに合わせてそれを緩める。これによりコウモリは反響間の違いを聞き取り、それに合わせて飛行を調節することができるのである。

音波の放射、中耳の収縮と緩和、脳内のイメージマッピング、そして飛行調整のすべてがほんの一瞬の間に起こる。これはあまりにも素早く、コウモリは意識的に行うことができないため、自動的に働く神経と筋肉のネットワークである神経系が行っている。

31. 解答 C

このパッセージの主題は何か。

選択肢の訳

(A) コウモリの食習慣
(B) ある種はどのように進化したか
(C) ある動物が移動する方法
(D) コウモリは獲物を獲得するためにどのように音を利用するか

解説 パッセージの主題を知る大きなヒントとなる第1段落第1文を読むと、コウモリは周辺を移動するために、人間の目と同じくらい効率的に音を使っているとある。続く段落でも、コウモリが音によって物の位置や形を区別しながら行動する方法が述べられているので、このパッセージ全体が、コウモリの飛行についての説明であることがわかる。したがって、(C)が正解と判断できる。

32. 解答 D

著者が洞窟について言及しているのは何を説明するためか。

選択肢の訳

(A) コウモリが地下に住むのを好むこと
(B) 暗闇での反響音の大きさ
(C) 人間にとっての光のない環境の危険性
(D) コウモリの誘導技術の有効性

解説 caves という語が出てくるのは第1段落最終文。This（前文全体を指す）is true even in total darkness とあり、total darkness でもコウモリが簡単に飛び回り、生き延びることができるとしており、その例として such as のあとに caves が使われている。したがって、この caves はコウモリの能力を示す実例ということなので、(D) が正解。

33. 解答 C

このパッセージによると、コウモリがさまざまな周波数で音を放射する目的は何か。

選択肢の訳

(A) 特定の種の昆虫を引き寄せるため
(B) 競合するコウモリの信号を遮断するため
(C) 正確な環境データを得るため
(D) 飛んでいる獲物の追跡中に速度を上げるため

解説 frequency「周波数」について述べているのは第2段落。コウモリは生物の形や位置、動きなどをイメージとして捉えるが、それが可能である理由は This is because ... にあるように、コウモリがさまざまな周波数の音波を出し、周波数によって仲間のコウモリか獲物かなどを判断しているからである。したがって、「正確な環境データを得る」という (C) が正解。

34. 解答 B

13行目の swoop in on という語句に最も意味が近いのはどれか。

選択肢の訳

(A) 敵意を示す
(B) 直接目標に向かう
(C) 克服する
(D) 逃げる

解説 この語句は、This helps the creature swoop in on horizontal still surfaces such as ponds or lakes to drink という文脈の中で出てくる。「池や湖の水面へ swoop in on する」ということは、(B) と考えるのが自然。swoop in on ～は「～の上に急降下する」の意。

35. 解答 A

著者がさまざまな幾何学的表面を比較しているのはコウモリに何ができることを説明するためか。

選択肢の訳

(A) 形から物体を識別すること
(B) 場所を問わず信号を放射すること
(C) 戻ってくる反響ごとに飛行を調整すること
(D) 垂直にも水平にも移動すること

解説 geometric surfaces については第2段落4文目に Bats can also distinguish geometric surfaces とある。著者がさまざまな表面を比較しているのは、コウモリには物体の表面によって異なる音波の反響を利用してその表面の形状、それが何であるかを識別する能力があると示すため。それと一致するのは (A)。

36. 解答 B

17行目の likewise という語に最も意味が近いのはどれか。

選択肢の訳

(A) 熱狂的に
(B) 同様に
(C) おそらく
(D) 安全に

解説 この語の前後では、同じ continuously という副詞を使って、emitting these sound waves とhearing their echoes とが並列されている。同じ副詞であることから、この likewise は「同様に」という意味であると判断でき、(B) が正解。

37. 解答 C

このパッセージによると、コウモリが中耳を収縮するとどのような結果になるか。

選択肢の訳

(A) 絶え間なく音波の放射を起こす
(B) 入ってくる信号間に一時的な混乱を引き起こす
(C) 妨害を受けずに各反響を理解する
(D) 聴覚過程から飛行調節を切り離す

解説 the contraction of the bat's middle ear について書かれているのは、第3段落。段落の最初に、コウモリが絶え間なく音を出しながら絶え間なくその反響を聞いているという説明がある。続いて第3文は、To avoid confusion ... to clearly hear the returning echo. とある。つまり、自分が出した音に邪魔されずにはっきりと聞き取るために中耳の収縮機能を使うという意味で、(C) が正解。

38. 解答 D

このパッセージが神経系について示していることはどれか。

選択肢の訳

(A) 意識的な努力によって向上させることができるかもしれない
(B) ほとんど使われていない筋肉のネットワークである
(C) イメージマッピングを理解可能な速度に落とす
(D) 自発的な行動によらずに機能する

解説 第3段落まで、コウモリの環境認識のためのさまざまな働きについて述べられているが、第4段落でそれらがまとめられている。第2文で、This is too fast for the bat to consciously do とある。つまり、意識的にはできないという意味である。続いて、it is performed by the animal's nervous system ... that operate automatically とあるので、これらは無意識のうちに自動的に行われていることがわかり、(D) が正解。

39. 解答 D

このパッセージから推測できるのは次のどの主張か。

選択肢の訳

(A) 動物は自分の強さに応じて環境間を移動する。
(B) コウモリは視覚が弱いため夜に獲物を追う。
(C) 飛ぶ生き物は視覚よりも反響により依存する。
(D) ある生物にとって音は他の動物にとっての光のように役立つ。

解説 (A) は strength に関する叙述だが、このパッセージでは strength に関しては述べていない。(B) はコウモリが夜に獲物を追う理由についてだが、本文では「洞穴のような環境でも飛べる」とは述べられているが、夜に獲物を追う理由については述べられていない。(C) は空を飛ぶ生物一般についてだが、このパッセージはコウモリのことに限って書かれているので合わない。(D) はコウモリと人間を例に第1段落で述べられているので、これが正解。

40. 解答 B

このパッセージに続く段落で議論されると思われるものはどれか。

選択肢の訳

(A) コウモリが頻繁に発見される地域
(B) コウモリの内在的生態
(C) 夜行性動物の昼間への反応
(D) 動物間の相対的聴力

解説 第4段落では、このパッセージで説明された作用が自動的に行われているということが初めて述べられているので、次に続く段落では、このメカニズムについて述べられていると考えられる。選択肢の中でそれに関連がありそうなのは (B) のみ。

Questions 41-50

全文訳

奴隷制度は、1861年から1865年にかけての南北戦争の主要な原因の1つだったが、奴隷制度をめぐる分断は単純に道徳的なものだったわけではない。むしろ、19世紀半ばまでに、奴隷制度はアメリカの北部の州と南部の州の間にある、その他の分断と結びついていたのだ。

たとえば、奴隷制度により両地域は、はっきり異なる経済路線に沿って成長することとなった。ほぼ完全に農業に頼っていた南部は綿花やたばこ、その他の作物を栽培するプランテーション（大農園）を経営するために、奴隷に依存するようになった。このことにより、大半の南部の白人は、奴隷を持つ余裕がない者でさえ、彼らの経済にとって非常に重要であるとして奴隷制度を擁護することになった。反対に、北部は自由な白人の労働を中心とした工業経済を発展させた。これらの自由な白人労働者たちは、奴隷制度が広がったりすれば、黒人奴隷に取って代わられた南部の白人労働者たちの間で起こったように、広範囲にわたる失業と貧困につながりかねないと感じていた。北部の白人たちは、プランテーションの持ち主たちが白人労働者に対して持っていたこの「奴隷の力」を恐れ、嫌っていた。そのため、北部の白人たちは自分たちの生計を守るため、奴隷制度を制限するか、終わらせるかしようとした。南部の白人たちはそれと同じように固い決意で、自分たちの経済的利益のため、奴隷制度を維持または拡大しようと考えた。

この経済的分断の他に、奴隷制度は南北の間の政治的緊張を悪化させた。中でも主要なものは、奴隷が合法である州（奴隷州）が、そうでない州（自由州）に対して許可されたことであった。概して、奴隷州は南部の政治力を増し、自由州は北部の政治力を増した。1820年のミズーリ妥協のような合意は奴隷州と自由州の数のバランスをとったものの、敵意を緩和させることについては、限られた効果しかなかった。実のところ、1850年代までに南北の対立する感情は非常に強まっていた。その時期までに、北部の奴隷廃止論者は全国的な奴隷制度廃止を求め、南部の分離論者は南部諸州の合衆国からの脱退を要求していた。皮肉なことに、南部の分離、奴隷の廃止いずれの擁護者も、対立を引き起こす奴隷制の問題と、それが密接に結びついた諸問題とを、終わらせたいという思いを共通に抱いていた。

最終的には、奴隷制に反対であると公言したエイブラハム・リンカーンが1860年に大統領選挙で勝利したことで、そのような終わりが訪れたかのように見えた。南部諸州は選挙結果に怒り、彼が就任してまもなく、地域の軍隊を動員して、分離を始めた。このことが、リンカーン率いる北部政府の、軍事的な反応の引き金となった。サムター要塞において両者の間に戦いが勃発し、奴隷制度とそれが関連するすべての問題は、4年間の血みどろの戦闘によって、ついに解決されることとなった。

41. 解答 D

このパッセージの題名として最良のものは何か。

選択肢の訳

(A) 予期しなかった戦争
(B) 19世紀アメリカの労働者
(C) 人種差別の歴史上の不正
(D) 闘争の裏にある複雑な要素

解説 このような小論文においては、最初の段落に結論がくることが多い。最初の段落ではアメリカ南北戦争の原因について触れており、not simply という言葉を使って、原因は1つではなく複数の要素があったとしている。続く段落を追っていっても、南北戦争の原因についての説明が続いているので、(D) が正解と判断できる。

42. 解答 A

第2段落の構成を最もよく表しているのはどれか。

選択肢の訳

(A) 明確な差異の分析
(B) 現存の学説の修正
(C) 新しい見解に対する批判
(D) 実証のない主張

解説 第2段落は、第1段落の終わりに述べられている other divisions between the American Northern and Southern states の「例」として始まっている。第2文 Almost wholly agrarian, the South ... で南部の、第4文 Conversely, ... で北部の、それぞれの奴隷に関する考え方や中心となる産業の違いを詳しく述べて分析しているので、選択肢の中では (A) が適切であると考えられる。

43. 解答 D

このパッセージによれば、アメリカ南部のプランテーション経済の結果は何であったか。

選択肢の訳

(A) 教育を受けたエリートの間の対立
(B) 作物の輸送における困難
(C) 不安定な農作物の生産高
(D) 一般的な白人の低い収入

解説 プランテーションについても第2段落で論じられている。北部の白人労働者たちは、奴隷制度の拡大が失業と貧困を引き起こすのではないかと恐れていたとあり、その後、as it had among southern white workers とある。これは as it had led to widespread unemployment and poverty の意味で、南部では黒人奴隷が労働力として重宝され、白人労働者たちが失業して貧困になったということがわかる。したがって (D) が正解。

44. 解答 B

12行目の detested という語に最も意味が近いのはどれか。

選択肢の訳

(A) 防いだ
(B) 嫌った
(C) 減らした
(D) つかんだ

解説 話の流れから、北部の白人たちは奴隷制度に反対の立場であり、その次の文にもあるように、自分たちを守るために奴隷制度を制限するかやめさせようとしたことがわかる。この detest は fear と並列されていて、目的語が this “slave power” であることから、(B) が最も近い意味であると判断することができる。

45. 解答 C

16行目の aggravated という語に最も意味が近いのはどれか。

選択肢の訳

(A) 批判した
(B) 制限した
(C) より悪化させた
(D) 降格させた

解説 奴隷制度によって南北の政治的緊張がどうなったかを考える。奴隷制度を支持するかどうかについての双方の違いから、1850年代までには双方の対立する感情が deeply hardened「非常に強まっていた」とあるので、aggravated の意味はこの内容と同じ方向性のものでなければならない。選択肢の中では、(C) が最も近い意味であると判断できる。

46. 解答 A

このパッセージから、1820年のミズーリ妥協はどうであったと言えるか。

選択肢の訳

(A) 地域間の争いを沈静化できなかった
(B) 主要な政治的意図がはっきりしなかった
(C) 定住者を引きつける義務があった
(D) 合法だったが地域の行政が強制できるものではなかった

解説 1820年のミズーリ妥協については第3段落の4つ目の文で述べられている。balanced the number of slave and free states but had only a limited effect on easing animosities「奴隷州と自由州の数のバランスをとったものの、敵意を緩和させることについては、限られた効果しかなかった」とあるので、選択肢の中では (A) の内容が最も近いと判断できる。

47. 解答 B

南部分離論者と奴隷廃止論者、両方の特性として述べられているのは次のどれか。

選択肢の訳

(A) 徐々に奴隷を解放していこうという意思
(B) 解決策を完結させようという欲求
(C) 国を工業化させるという目的
(D) 戦争をしようという決意

解説 secessionists と abolitionists については第3段落後半で述べられている。それぞれの主張は違っていたが、Ironically「皮肉なことに」として、held in common a desire for an end to the ... slavery とある。この in common は「共通に」という意味の挿入句。つまり、双方が共通に抱いていたのは奴隷制度に関する問題を終わらせたいという思いだったので、(B) が正解と言える。

48. 解答 D

27行目の intertwined with という語句に最も意味が近いのはどれか。

選択肢の訳

(A) ～に関して信頼できる
(B) ～に非協力的な
(C) ～について責任がない
(D) ～に関わっている

解説 この with の目的語は関係代名詞の that で、この that の先行詞は issues。また it had become ... の it は slavery を指す。つまり、slavery had become intensely intertwined with the issues という文である。intensely「密接に」という副詞からも、「関連している」というような意味であると考えられるので、(D) が正解と判断できる。奴隷制の問題と、それが密接に結びついた諸問題を、南北いずれも解決したがっていたということ。

49. 解答 D

以下のうち、南北戦争以前の合衆国における奴隷制度の結果として、述べられていないものはどれか。

選択肢の訳

(A) 地域で異なる発展形態
(B) 奴隷の力に対する異なった態度
(C) 新しい州として承認することについての対立する見方
(D) 巨大農園における機械化の遅れ

解説 (A) については、第2段落の前半で産業の違いについて述べられている。(B) については第2段落後半で、労働力としての奴隷をめぐる南北の対立が触れられている。(C) については、第3段落の前半に、「奴隷州」と「自由州」をめぐって南北の政治的対立が深まったとある。(D) の mechanization についてはどこにも述べられていないので、これが正解。

50. 解答 C

このパッセージの後に続く段落で最も述べられる可能性のある内容は何か。

選択肢の訳

(A) エイブラハム・リンカーンの経歴
(B) 奴隷制度の賛成派と反対派、両方の意見
(C) 北部と南部の軍事行動
(D) 南北戦争以前の要塞の役割

解説 これまで南部と北部の違いについて論じられてきているので、この後もやはり南部と北部を対比していくものと考えられる。最後の段落では、ついに戦争が起こったことが説明されているので、南北の軍事行動について論じていくのが最も自然な流れであると考えられる。したがって正解は (C)。

単語リスト

模擬試験第２回のパッセージに出てきた単語や表現を身につけ、語彙力を伸ばしましょう！

Questions 1-10

1	devote	動（時間など）を充てる
2	effortlessly	副 努力せずに
3	receptive to ～	～を受け入れる力がある
4	postulate	動（前提として）～を仮定する
5	flaw	名 欠点、傷
6	a fraction of ～	ほんのわずかな～、何分の１かの～
7	neuroscience	名 神経科学
8	statistical	形 統計的な　**statistics** 名 統計（学）
9	discern	動 ～を見定める、判別する **discernment** 名 優れた判断力
10	accommodate	動 ～を収容できる

Questions 11-20

11	consequence	名 結果、重要性
12	matter	名 物質
13	generate	動 ～を発生させる
14	gravity	名 引力、重力
15	mass	名 質量、かたまり
16	swirl	動 渦巻く

17	compress	動 ～を圧縮する
18	quasar	名 恒星状天体、クエーサー
19	orbit	名 軌道 動（軌道を描いて）～の周りを回る
20	remote	形 離れた、遠くの

Questions 21-30

21	suffrage	名 選挙権、参政権
22	temperance	名 禁酒、節制
23	abstention	名 節制、不参加　**abstain** 動 慎む
24	abolition	名 廃止、全廃　**abolish** 動 ～を廃止する
25	provide for ～	～を養う
26	as a whole	全体として、総じて、まとめて
27	platform	名 政策要綱
28	vilify	動 ～を中傷する、非難する
29	at variance	意見が違って、不一致で
30	amendment	名 修正条項、改正

Questions 31-40

31	emit	動 ～を放つ、放射する　**emission** 名 放出、放射
32	bounce off	跳ね返る

33	echo	名 反響 動 反響する
34	cave	名 洞窟、洞穴
35	frequency	名 周波数
36	distinguish	動 ～を区別する
37	prey	名 獲物、餌食
38	horizontal	形 水平の　対義語 vertical　垂直の
39	millisecond	名 1000分の1秒
40	contract	動 ～を収縮させる　contraction 名 収縮

Questions 41-50

41	starkly	副 まったく、完全に
42	crucial	形 重大な、重要な
43	conversely	副 逆に
44	animosity	名 激しい憎悪、敵意
45	abolitionist	名 奴隷廃止論者（*cf.* abolition 廃止、奴隷制度廃止）
46	call for ～	～を要求する
47	secessionist	名 分離論者　secede 動 脱退する、分離する
48	withdrawal	名 脱退、撤退　withdraw 動 退く
49	advocate	名 主張者
50	ultimately	副 最後に、最終的には

TOEFL ITPテスト
模擬試験

第1回

■ **Section 1**
Listening Comprehension 3

■ **Section 2**
Structure and Written Expression 12

■ **Section 3**
Reading Comprehension 21

Section 1
Listening Comprehension

1

CD 1 1～31

Part A

Directions: In the first part of the test, Part A, you will hear some short conversations. Each conversation is between two people. After each one, there will be a question about the conversation. You will hear these conversations and questions only once. After each question, please read the four possible answers in your test book. Then choose the best answer. Finally, find the number of the question on your answer sheet and fill in the space that corresponds to the letter of the correct answer.

Here is an example.

On the recording, you hear:

Sample Answer

Ⓐ ● Ⓒ Ⓓ

In your test book, you read:

(A) The man and woman will not go to the concert.
(B) The man shares the woman's viewpoint.
(C) The final musical piece was the best.
(D) The concert featured special performers.

You learn from the conversation that the woman did not like the concert and the man agrees. The best answer to the question "What does the man mean?" is (B), "The man shares the woman's viewpoint." Therefore, the correct choice is (B).

Wait

1. (A) The fare has been increased.
(B) Service on a route has ended.
(C) The train will come soon.
(D) Rush hour has not yet started.

2. (A) He takes too many tests.
(B) He did unexpectedly well.
(C) He changed his study method.
(D) He doesn't care about his score.

3. (A) No more students can enter.
(B) The class is very difficult.
(C) Registration has not started yet.
(D) Course material is online.

4. (A) Sell his textbook.
(B) Confirm a book price.
(C) Get a cheaper copy.
(D) Invest his money.

5. (A) The location of a facility.
(B) The date of a project.
(C) The status of an event.
(D) The weather for today.

6. (A) The woman did not come to the Friday lecture.
(B) The class meets only one day a week.
(C) The woman and man have the same course.
(D) The professor reviewed the students' notes.

7. (A) The school year is almost over.
(B) Costs will be difficult to cover.
(C) Tuition increases will be low.
(D) The course material is very hard.

8. (A) Work could reduce the man's scores.
(B) The cafeteria work schedule is short.
(C) Good jobs are hard to find.
(D) The man is studying the wrong subject.

9. (A) He heard a lot about a movie.
(B) He was disappointed by a film.
(C) He prefers to watch TV.
(D) He asked Jenna to a dinner.

10. (A) The woman has lost interest in her field.
(B) The school has limited majors.
(C) Registration is now closed.
(D) The woman is considering her options.

Go on to the next page

11. (A) She has chosen a topic.
(B) She received her grade.
(C) She assisted a classmate.
(D) She is waiting for advice.

12. (A) He has finished studying for the semester.
(B) He should go to the group more often.
(C) He frequently forms study clubs.
(D) He plans to drop out of an organization.

13. (A) She lacks time to look over the presentation.
(B) She has improved her performance.
(C) She wants to make some changes.
(D) She needs to get more feedback.

14. (A) Wait for an e-mail.
(B) Contact Stella again.
(C) Come back later.
(D) Confirm information.

15. (A) He thinks admission prices are high.
(B) He agrees with the woman.
(C) He won't stay very long.
(D) He likes this amusement park.

16. (A) The professor was unavailable.
(B) The seminar was easily understood.
(C) The speaker's lecture was valuable.
(D) The subject was unsurprising.

17. (A) She lost some items.
(B) She moved the table.
(C) She saw the books.
(D) She paid for some goods.

18. (A) He canceled his tickets.
(B) He made a purchase.
(C) He received a payment.
(D) He went to a concert.

19. (A) She takes visitors around the school.
(B) She is in her first year at the university.
(C) She trains many guides.
(D) She lives off of the campus.

20. (A) The Web page is down.
(B) The content is not useful.
(C) He stopped researching a topic.
(D) He has all the material he needs.

Go on to the next page

21. (A) The restaurant has been newly opened.
(B) The menu has been updated.
(C) The meals are healthy.
(D) The dishes are inexpensive.

22. (A) The reading is not important.
(B) Additional time will be granted.
(C) Test content may be simplified.
(D) The man must try to finish.

23. (A) Help her with a project.
(B) Come back during business hours.
(C) Go to another fitness center.
(D) Ask her some questions.

24. (A) She was waiting for an item.
(B) She sent a package.
(C) She rarely gets visitors.
(D) She is outside the dormitory.

25. (A) The man's opinion was ignored.
(B) The members began an assignment late.
(C) The project included incorrect data.
(D) The group has too many people.

26. (A) He doesn't understand the course.
(B) He wishes he'd have signed up earlier.
(C) He couldn't enter the evening class.
(D) He preferred a different course time.

27. (A) The woman enjoys baseball.
(B) The local team won a game.
(C) The tickets are still on sale.
(D) The TV is being repaired.

28. (A) The bus is late.
(B) The passengers are getting off.
(C) No seats are open.
(D) No one is standing up.

29. (A) She is running for class president.
(B) She hasn't made a decision.
(C) She doesn't know the candidates.
(D) She doesn't intend to vote.

30. (A) Use a different machine.
(B) Help him with homework.
(C) Take a break.
(D) Fix the printer.

Go on to the next page

CD 1 32 〜 42

Part B

Directions: In Part B, you will be listening to longer conversations. After each conversation, you will listen to several questions. You will hear these conversations and questions only once.

After listening to each question, read the four possible answers in your test book. Then choose the best answer. Finally, find the number of the question on your answer sheet and fill in the space that corresponds to the letter of the correct answer.

Remember that taking notes or writing in your test book is not allowed.

Wait

31. (A) He wants to transfer to a different university.
(B) He has to fulfill a requirement in a program.
(C) He has completed his other advanced classes.
(D) He failed a recent placement test.

32. (A) In high school.
(B) In her first university semester.
(C) Upon completing her major.
(D) After speaking with a counselor.

33. (A) To her department.
(B) To the cafeteria.
(C) To the registrar.
(D) To the student center.

34. (A) Wait for an e-mail.
(B) Contact the woman later.
(C) Make an appointment.
(D) Request some money.

35. (A) To assist new students.
(B) To pay for new class desks and chairs.
(C) To improve the campus dining hall.
(D) To help poor families.

36. (A) By registering attendees.
(B) By serving dishes.
(C) By cooking food.
(D) By taking charge of volunteers.

37. (A) At 4:00 P.M.
(B) At 6:00 P.M.
(C) At 8:00 P.M.
(D) At 10:00 P.M.

38. (A) To a club member.
(B) To a kitchen manager.
(C) To a school professor.
(D) To the membership committee.

Go on to the next page

CD 1 43 ~ 58

Part C

Directions: In Part C of the test, you will listen to several talks. After each talk, there will be some questions. These talks and questions will be read only once.

After each question, read the four possible answers in your test book. Then choose the best answer. Finally, find the number of the question on your answer sheet and fill in the space that corresponds to the letter of the correct answer.

Here is an example.

On the recording, you hear:

Now listen to a sample question.

Sample Answer

Ⓐ Ⓑ ● Ⓓ

In your test book, you read:

(A) To profile an important physics professor.
(B) To announce a theory about the universe.
(C) To examine various aspects of the sun.
(D) To review new images from satellites.

The best answer to the question "What is the main purpose of the online post?" is (C), "To examine various aspects of the sun." Therefore, the correct choice is (C).

Remember that taking notes or writing in your test book is not allowed.

Wait

39. (A) How to play a popular game.
(B) An event in American history.
(C) The origins of a championship series.
(D) The main teams in a league.

40. (A) The ability to score points.
(B) A preference to play in Brooklyn.
(C) The willingness to tolerate insults.
(D) Knowledge of opposing athletes.

41. (A) It included a large amount of money.
(B) It made fans calmer.
(C) It affected race relations.
(D) It had been decided by a court case.

42. (A) Players retaliated against racists.
(B) White fans stopped insulting black players.
(C) More rookies received higher pay.
(D) The Negro League collapsed.

43. (A) Features of a species.
(B) Animal mating habits.
(C) Nature preservation.
(D) Geological changes.

44. (A) In the Northwest Pacific.
(B) In African regions.
(C) Over parts of Australia.
(D) On the eastern American coast.

45. (A) By swimming underwater.
(B) By floating along on a current.
(C) By using their strong legs.
(D) By following other animals.

46. (A) To knock down barriers.
(B) To ride overflows into the sea.
(C) To concentrate on breeding.
(D) To capture fish as much as possible.

Go on to the next page

47. (A) Sign up for an orientation.
(B) Drop out of mandatory lectures.
(C) Contact the counseling office.
(D) Ignore course recommendations.

48. (A) 5.
(B) 10.
(C) 100.
(D) 150.

49. (A) They contain their own requirements.
(B) They must be chosen during the first year.
(C) They are more important than the core curriculum.
(D) They may be discussed in a different orientation.

50. (A) To take online courses.
(B) To post feedback about counselors.
(C) To confirm their time of attendance.
(D) To review academic choices.

This is the end of Section 1.
Stop work on Section 1

Do NOT read or work on any other section of the test.

Section 2
Structure and Written Expression

2

Time: 25 minutes

Structure

Directions: Questions 1-15 in Section 2 are incomplete sentences. Just below each sentence you will see four words or phrases. These are marked (A), (B), (C), and (D). From these, please choose the word or phrase that best completes the sentence. Next, find the number of the question on your answer sheet and fill in the space that corresponds to the letter of the correct answer.

Example | **Sample Answer**

Oil has been called *black gold*, because of both its scarcity ------- high value in global markets.

(A) (B) ● (D)

(A) either
(B) neither
(C) and
(D) or

The sentence should read, "Oil has been called *black gold*, because of both its scarcity and high value in global markets. Therefore, you should choose (C).

Now begin work on the questions.

Go on to the next page

1. By the 1980s, large American investment firms had a significant ------- on mathematicians, physicists and computer scientists to evaluate stocks.
(A) depend
(B) dependence
(C) dependent
(D) dependently

2. A hydrophobic substance such as rubber will repel water, ------- making it useful for preventing leaks in pipes.
(A) result
(B) therefore
(C) even so
(D) consequence

3. Marriage laws ------- throughout America, as some states grant that status immediately while others require waiting periods.
(A) replace
(B) perform
(C) vary
(D) insert

4. Coal, oil and nuclear ------- continue to supply most of the world's power needs in part because they are cost-effective.
(A) energize
(B) energy
(C) energetically
(D) energetic

5. The Napoleonic Wars unleashed forces of nationalism and republicanism ------- reshaped Europe.
(A) they
(B) that
(C) it
(D) so

6. "Institutional memory" refers to the ------- experience of an organization and its personnel.
(A) collector
(B) collective
(C) collectively
(D) collect

7. ------- on the regular expansion of several core technological factors, Moore's Law predicts semiconductors will double in capacity every 2-3 years.
(A) According
(B) Responding
(C) Based
(D) Sent

8. Equipment ------- by crews building the tunnel connecting Britain and France included a large drill several meters tall.
(A) operated
(B) had operated
(C) is operating
(D) to operate

Go on to the next page

9. A sonogram uses sound waves to record an internal ------- of a patient.
(A) viewer
(B) image
(C) looker
(D) physician

10. Dark matter is not fully understood but may ------- a substantial percentage of the universe.
(A) composite
(B) compose
(C) composer
(D) composure

11. Economists who ------- whether governments should play a strong role in the economy are Classical economists, while their counterparts are known as Keynesians.
(A) resent
(B) dispute
(C) block
(D) object

12. Initially cautious about involving -------, France and Spain ultimately provided weapons, money, troops and training to the Americans during the Revolutionary War.
(A) them
(B) theirs
(C) themselves
(D) they

13. Lions are social animals, with one group or "pride" ------- of one adult male and several females.
(A) will consist
(B) has consisted
(C) consisting
(D) consisted

14. Marie Curie pioneered the science of radioactive substances but unfortunately died from excessive exposure ------- these materials.
(A) that
(B) to
(C) as
(D) at

15. The American Constitution is designed to create checks and balances against ------- political concentration.
(A) many
(B) few
(C) other
(D) any

Go on to the next page

Written Expression

Directions: Each sentence in questions 16-40 has four underlined words or phrases. These four underlined parts are marked (A), (B), (C), and (D). Find the one word or phrase that needs to be changed in order for the sentence to be correct. Finally, find the number of the question on your answer sheet and fill in the space that corresponds to the letter of the correct answer.

Example

Encryption is <u>the</u> (A) science <u>of changing</u> (B) plain text or <u>other</u> (C) data into a <u>securely</u> (D) code.

Sample Answer

(A) (B) (C) ●

The sentence should read, "Encryption is the science of changing plain text or other data into a secure code." Therefore, you should choose (D).

Now begin work on the questions.

Go on to the next page

16. The cactus has adapted to deter animals, with its sharp needles prevent them from
A B C
eating any part of the plant.
D

17. One reason preciously metals such as gold or silver are valued is because of their
A B C
uniform composition.
D

18. Gravity is a constant, so one ball weighing 1,000 kilograms and other weighing
A B C
10 kilograms will fall at the same speed.
D

19. Although ruled by its military, the nation-state of Sparta granted women mostly
A B C D
personal and economic freedom than Athens.

20. The cheetah's lean body shape provides great speed but leaves it unable to defend
A
itself against larger cats that often seize it catches.
B C D

21. The universe continues will expand rapidly, with the distance between galaxies
A B
becoming ever wider.
C D

22. The novel *To Kill a Mockingbird* exposed the harsh, sometimes lethal nature of
A B C
racial hater in the American South.
D

23. DNA replicates perfectly during cell division, operating at a far low error rate
A B C
than the most accurate computers.
D

Go on to the next page

24. Set among lagoons, the Republic of Venice was a city state centered of free trade,
A B
relatively tolerant of social and religious differences.
C D

25. The Central Intelligence Agency is legally barred from operating within the
A B
United States, despite it shares information with federal law enforcement
C D
organizations.

26. Animals migrate for many reasons, including finding more plenty feeding
A B C
grounds or mating.
D

27. The Boer War caused imperialism controversial in Britain, since it appeared to be
A B C
an unprovoked attack on a small nation.
D

28. American Corporate unionization rates fell from a high of about 40% in the 1950s
A B
to a fraction of that six decades late.
C D

29. The phrase "Young Turk" dates back to the 1920s, which Turkish officers, chief
A B
among them, Kemal Ataturk, seized power.
C D

30. Ants convey information to each other through the transfer of chemicals in
A B C
theirs antennae.
D

31. The Heisenberg Uncertainty Principle asserts that observation of a subatomic
A B
particle effects its actual position.
C D

Go on to the next page

32. As a commonwealth of the United States, Puerto Rico has some but not entire
A B C
features of an ordinary American state.
D

33. Rogers and Hammerstein were two of America's most prolific and success music
A B C
writers, known for creating songs for *Oklahoma!* and *South Pacific*.
D

34. The Fifth Amendment of the U.S. Constitution protects defendants against
A B
self-incrimination duration any trial or investigation.
C D

35. The cuckoo secretly lays its eggs in the nests of other birds, leaving them to
A B C
rise the creature's offspring.
D

36. Herbivores have enzymes able to breaking down plant glucose for digestion.
A B C D

37. Russia maintains feudalism longer than any major European nation, freeing its
A B C
peasants only in the late 19th century.
D

38. A white dwarf is the residual matter of a collapsed star, with a density too thick
A B C
that one teaspoon of it weighs several tons.
D

39. The Great Depression was intensified by not only a stock market collapse and the
A B
failure of multiple large banks.
C D

40. Interest enough, the Inca Empire offered a rudimentary welfare state to help the
A B C
infirm or elderly.
D

This is the end of Section 2.
If you finish before time is called, check your work on Section 2 only.

No test material on this page.

Section 3
Reading Comprehension

Time: 55 minutes

3

Directions: In Section 3, Reading Comprehension, you will read various passages. Each passage will be followed by a number of questions. Please choose the best answer, (A), (B), (C), or (D), to each question. Next, find the number of the question on your answer sheet and fill in the space that corresponds to the letter of the best answer.

Please use only the information given in each passage to answer each question.

Read the following passage:

The dominant historical narrative of the United States is one of Northern Europeans expanding from the eastern coast of the continent westward into the interior. However, this narrative — even if confined to the 18th and 19th centuries — is substantially incomplete. The traditional narrative overlooks immigrants from the Spanish Empire and Mexico, with citizens of the latter country becoming Americans when Mexico ceded its northern territories to the United States. The narrative also overlooks immigrants from Asia who were crucial in developing the American West and American Pacific islands. Finally, the traditional narrative downplays the role of Africans, brought forcibly to the United States as slaves, and Native Americans.

Example

Sample Answer

Ⓐ ● Ⓒ Ⓓ

What is the main idea of the passage?

(A) Scholars have missed important facts about Northern Europeans.
(B) Conventional analyses have minimized some historical facts about America.
(C) Immigrants have been crucial to American economic development.
(D) Historians disagree on the impact of the Spanish Empire on the United States.

The main idea of the passage is that traditional interpretations have not focused on all aspects of American history. Therefore, you should choose (B).

Now begin work on the questions.

Go on to the next page

Questions 1-10

Eleanor Roosevelt is often considered the most influential of the American presidential wives, or first ladies. Born into a wealthy family, she nevertheless shunned the tradition of her class of becoming a refined private wife and instead devoted herself to public service that ranged from unionization to international political agreements such as the UN Universal Declaration of Human Rights.

Eleanor did not simply support these causes through speeches or charity, as women at her social level usually did. Prior to her role as wife of New York Governor and later President Franklin D. Roosevelt, Eleanor was a hands-on activist. For instance, she taught dance and exercise to immigrants. As an investigator for the National Consumers League, she visited the dwellings of the working poor, especially women who sewed garments or assembled plastic ornaments under often grueling conditions. Based on these inspections, she pushed the White Label Campaign. The White Label confirmed a product had been made in humane work environments. The League encouraged shoppers to purchase goods marked with this label and boycott goods without it. This forced companies to earn the White Label by improving their labor conditions.

Because of this kind of work, Eleanor was reluctant to support her husband's bid for the presidency; she feared it would restrict her social and political activism. Conventionally, first ladies had devoted their public lives to non-controversial areas such as education, but Eleanor was determined to go beyond this.

Her husband tacitly agreed to her wish after being elected president in 1932. Disabled by polio, he relied on Eleanor not only as a caretaker but as a mobile researcher who could bring him trustworthy information from outside the White House. Moreover, he had been compromised by the accusation of an extramarital affair with a staffer, Lucy Mercer. Eleanor threatened her husband with divorce over this alleged relationship. She relented only on condition of being given unlimited freedom in her political work.

1. What is this passage about?
   (A) Elections in the United States
   (B) An important historical figure
   (C) A comparison of American politicians
   (D) Past presidential policies

2. Which of the following is most extensively discussed in the second paragraph?
   (A) Early professional achievements
   (B) Immigration to America
   (C) Immigrants' lifestyles
   (D) Devotion to the garment industry

3. The word "grueling" in line 11 is closest in meaning to
   (A) consecutive
   (B) unlikely
   (C) harsh
   (D) emotional

Go on to the next page

4. According to the passage, how did Eleanor Roosevelt mainly involve herself in social and political issues?
(A) By donating funds to poor people
(B) By investigating the government
(C) By personally examining cases
(D) By managing her businesses fairly

5. The author mentions the White Label Campaign in order to give an example of
(A) organizing workers into unions
(B) consumer action against corporations
(C) the creation of new types of plastic
(D) higher output from garment factories

6. What can be inferred about the traditional role of American first ladies?
(A) They helped shape political policy.
(B) They established independent social roles.
(C) They opposed laws that hurt the disadvantaged.
(D) They avoided the most sensitive political issues.

7. The word "tacitly" in line 21 is closest in meaning to
(A) implicitly
(B) temporarily
(C) disorderly
(D) insignificantly

8. The word "compromised" in line 24 is closest in meaning to
(A) weakly managed
(B) deceitfully handled
(C) riskily promoted
(D) embarrassingly exposed

9. In the final paragraph, the author implies that President Roosevelt
(A) was falsely accused of damaging his marriage
(B) caused Eleanor to become seriously ill
(C) conceded to his wife's professional demands
(D) disregarded the political opinions of family members

10. It can be concluded about Eleanor Roosevelt from the passage that she
(A) eventually forgave Lucy Mercer
(B) was blocked from her goals by social restrictions
(C) was forced to live a private life after becoming a first lady
(D) behaved counter to widely held ideas about women in her period

Go on to the next page

Questions 11-20

Sleepers pass through two main stages, Rapid Eye Movement (REM) and non-REM (NREM) sleep. Sleep begins in the NREM stage, the "deepest" sleep, where the person will have great difficulty in awakening. An adult sleeper will continue through two more NREM phases, enter REM sleep, and then return to NREM to complete a full 90-110 minute sleep cycle. Of the two sleep types, REM is far more critical to our health.

Apart from eye movement, REM sleep is characterized by a shutdown of the voluntary muscle system, which moves the arms and legs. Hearing, feeling and other senses are substantially reduced. The brain is essentially closed off from the environment. It can then manage all of the input received during the day, without outside distractions.

As REM proceeds, the brain carries out an organizing process using neurons, information-carrying electrical impulses. During REM sleep, the cerebral cortex, a region of the brain, begins sorting and organizing these neurons through a method we experience as "dreaming." The neuron sorting process makes broad, speculative connections, which is why some dreams may seem bizarre. Dreams are stored in our short-term memory, which is regularly emptied. This restricts our dream recall to only a few moments after we wake. The dreams — again, only a neuron sorting technique, as a computer might organize files — may be forgotten, but their end product, comprehensible information, is stored in our long-term memory.

Scientists previously thought that NREM sleep was simply physical restfulness, since they detected none of the neuron organizing and sorting process of REM sleep. However, emerging research confirms that NREM also organizes information, but apparently on a lighter level. Specifically, information that is contradictory, stressful or problem-solving is processed during REM sleep, while lighter, more pleasant data is organized during NREM sleep. This is why nightmares occur during REM sleep and "good dreams" occur during NREM stages. As REM sleep tends to analyze more fundamental issues, resolve conflicts or solve pressing problems, scientists theorize that it may have been an evolutionary adaptation to protect early humans from dangers in nature.

11. What is the main purpose of the passage?
    (A) To compare the awake and sleeping brain
    (B) To explain why people become emotional
    (C) To detail the two primary levels of sleep
    (D) To show how sleepers can control their dreams

12. According to the passage, REM sleep is characterized by all of the following EXCEPT
    (A) lack of limb movement
    (B) difficulty in breathing
    (C) motion of the eyes
    (D) reduction of the senses

Go on to the next page

13. The word "It" in line 10 refers to
(A) brain
(B) information
(C) environment
(D) input

14. According to the passage, one function of the cerebral cortex is to
(A) prevent the brain from becoming distracted
(B) slow body functions when it is resting
(C) analyze data that becomes available
(D) send information to the outside environment

15. The word "speculative" in line 15 is closest in meaning to
(A) abstract
(B) incompetent
(C) impossible
(D) consecutive

16. According to the passage, why are sleepers only able to remember a small part of their dreams?
(A) The short-term memory shuts down during sleep.
(B) Long-term memory has limited dream storage.
(C) Neurons eventually run out of electricity.
(D) The dream contents are regularly deleted.

17. In paragraph three, the author compares a computer to a brain to illustrate that
(A) a computer is much more accurate than a human brain
(B) retrievable information is created through data arrangement
(C) humans can dream but turned-off machines cannot
(D) dreams are kept on a permanent file the way digital programs are

18. The word "pressing" in line 28 is closest in meaning to
(A) urgent
(B) detailed
(C) curious
(D) secret

19. It can be inferred from the passage that NREM and REM sleep exist to
(A) develop nightmares into good dreams over time
(B) prevent a sleep cycle from becoming too long
(C) combine to generate new types of neurons
(D) deal with different types of brain activity

20. What most likely is the paragraph following this passage about?
(A) How nightmares cause stress after waking up.
(B) How longer NREM sleep can make people happier.
(C) How REM sleep helps devise survival strategies.
(D) How humans can protect themselves against sleeplessness.

Go on to the next page

Questions 21-30

Industrial activity commonly creates pollutants such as carbon dioxide, methane and nitrogen oxide. Solar radiation that would otherwise be reflected back into space is trapped by these pollutants, causing climate temperature to rise. It has already risen by 0.8°C since the middle of the 18th century, about the time the Industrial Revolution began. As that revolution has continued and expanded, pollution levels have risen substantially. This has caused a steady melting of the polar ice caps; the release of that cold freshwater is leading to higher ocean levels. The rise could be as much as one meter by 2100.

The polar cap melting has brought warmer waters, creating much stronger hurricanes. A 1°C rise in ocean temperatures may generate up to 8% higher hurricane wind speeds and 18% more precipitation. These powerful storms, with their attendant flooding, could make human residence in coastal regions tenuous.

Rising sea levels also reduce ocean biodiversity. Plant and animal species existing on coasts and reefs may be wiped out as these places are submerged. Experts estimate that there are any number of undiscovered coastal organisms. At a minimum, humans will lose the chance to cultivate some of these organisms for scientific breakthroughs, such as lifesaving pharmaceuticals. In a worst-case scenario, such losses may have catastrophically spiraling ecological results.

Beyond that, many of the world's largest trade, investment and production centers are along threatened coasts, including New York, Portsmouth and Osaka. Wealthier cities may be protected by seawalls, floating structures — including floating houses or even floating communities — and other technologies. Less developed cities may lack the capital for such programs; vulnerable populations in these regions may migrate inland, overwhelming facilities unprepared to handle such large numbers of people. As yet, no globally comprehensive policy has been implemented to meet this environmental challenge. Meanwhile, the oceans continue to rise.

21. What is the purpose of the first paragraph of the passage?
    (A) To refute an established theory
    (B) To provide various solutions
    (C) To compare alternative predictions
    (D) To lead into a broad assertion

22. In paragraph one, the author refers to the Industrial Revolution in order to imply that
    (A) two major trends are related
    (B) consequences are still unknown
    (C) models change throughout time
    (D) new evidence contradicts the old

23. The word "tenuous" in line 12 is closest in meaning to
    (A) uncertain
    (B) intangible
    (C) apologetic
    (D) disrespectful

Go on to the next page

24. The phrase "any number of" in line 15 could best be replaced by which of the following?
(A) more and more
(B) possibly many
(C) absolutely critical
(D) mostly highly developed

25. The word "scenario" in line 17 is closest in meaning to
(A) complaint
(B) detection
(C) plan
(D) outcome

26. In paragraph three, the author refers to pharmaceuticals to show that
(A) biodiversity is more important than profit
(B) companies are exploiting the oceans
(C) scientific advances may go unrealized
(D) medical research is not always beneficial

27. The author mentions all of the following as consequences of climate change EXCEPT
(A) intensification of storms
(B) difficulties in ocean transportation
(C) harm to organisms' living space
(D) widespread social disruption

28. According to the author, in contrast to wealthier coastal cities, less developed ones
(A) are relatively uninformed about flood risks
(B) could rely on relatively inexpensive capital
(C) should utilize seawalls rather than flotation structures
(D) may experience significant depopulation effects

29. In the final paragraph, which of the following is a proposal for protection against rising sea levels?
(A) Decreasing international trade levels
(B) Engineering new types of residences
(C) Lowering current production output
(D) Investing in alternative energies

30. Which of the following is supported by the passage?
(A) Economic growth is being slowed by warming waters.
(B) Technology provides few solutions to environmental problems.
(C) Worldwide plans to deal with rising oceans have not been created.
(D) Industrial centers should be moved away from the oceans.

Go on to the next page

Questions 31-40

Since energy can neither be created nor destroyed, it passes through an ecosystem — a section of the environment — by changing form. Although this energy transfer is often referred to as a food "chain," a "web" is a better description because there is no natural hierarchy or ranking among its organisms. The organisms in this web can be categorized into several groups.

The first, "autotrophs," which include plants and a few types of bacteria or other simple life forms, can generate their own energy through photosynthesis. This is a process that uses sunlight to excite a cellular chemical reaction resulting in a substance called glucose. Glucose, in turn, nourishes the plant through a process termed respiration. As a byproduct of photosynthesis, plants emit oxygen (O_2), critical for animal life.

"Heterotrophs," a group which includes both plant eaters and meat eaters, gain energy from consuming other organisms and come in several varieties. The plant eaters, known as herbivores, convert glucose from plants to energy. This energy is in the form of amino acids. The meat eaters, or carnivores, fuel their own amino acids from consuming herbivores. Omnivores, such as humans or bears, can garner energy from consuming either animals or plants. As animals respire, they emit carbon dioxide (CO_2). Plants combine this CO_2 with sunlight, water and soil nutrients to grow.

Although often considered "pests," detritivores such as fungi or some insects are also critical to the food web. They convert wastes and dead organisms into vital soil nutrients that plants use to grow. Earthworms, typical detritivores, provide about 200 tons of nutrient-rich, fertile soil for every 0.4 hectare of space they occupy.

31. What is the author's main point?
    (A) Stronger forms of life consume the weaker ones.
    (B) Sunlight is a powerful form of energy.
    (C) Organic and inorganic structures are in a balance.
    (D) Different life forms exist interdependently.

32. In paragraph one, the author contrasts a food web with a food chain to illustrate that
    (A) there is no clear order among organisms involved
    (B) different ecosystems result from varying environments
    (C) it is difficult to measure many types of organic activities
    (D) energy changes form but is always conserved

Go on to the next page

33. The word "excite" in line 8 is closest in meaning to
(A) assert
(B) stimulate
(C) distinguish
(D) intrude

34. In paragraph two, the author mainly discusses
(A) the multiple types of autotrophs
(B) the bacterial effect on complex life forms
(C) chemical reactions within an organism
(D) the importance of oxygen for plants

35. The word "byproduct" in line 10 is closest in meaning to
(A) damage
(B) offshoot
(C) control
(D) assimilation

36. It can be inferred from the passage that
(A) respiration is used by animals but not plants
(B) animal and plant cells are nearly identical
(C) each organism performs a unique ecological role
(D) plants could easily exist without animals

37. The word "garner" in line 16 is closest in meaning to
(A) finish
(B) respond
(C) enable
(D) collect

38. The tone of this passage could best be described as
(A) empirical
(B) ambiguous
(C) critical
(D) ironic

39. The word "pests" in line 20 is put in quotation marks because
(A) it is a quotation from another source
(B) it references another part of the passage
(C) it emphasizes an emerging theory
(D) it is a widely but improperly used term

40. The paragraph preceding this passage probably discusses
(A) an analysis of how to protect nature
(B) an overview of energy transformation
(C) the role of the sun in the solar system
(D) the types of foods required for human life

Go on to the next page

Questions 41-50

In any financial market, substantial changes sometimes come from unlikely sources. Typical of this was the 2008 American Financial Crisis, which came from a traditionally stable sector: home loans. In an ordinary home loan (mortgage), the home acts as "collateral," a guarantee that the loan will be repaid. Collateralized Debt Obligations (CDOs) were various mortgages combined into "securities," a type of stock which can be bought and sold on markets. Financial rating agencies certified the CDOs as reliable and secure. Scholars, ratings analysts and even the head of the Federal Reserve, America's central bank, had previously indicated that CDOs were not only safe but positive for America. By the mid-2000's the market for CDOs had grown into trillions of dollars.

Yet, these instruments were often composed of loans to weak borrowers — some with neither jobs nor income. It was unclear how such borrowers could ever pay their mortgages. In addition, home prices were rising so fast that some observers termed them a "bubble," an unsustainable financial trend. A few investors became negative about the housing market because of this. Indeed, they predicted the bursting of this bubble would collapse the CDO and housing markets. They planned to profit from their prediction.

They did this through buying Collateralized Debt Swaps (CDSs). A CDS was an agreement for one entity (the CDS seller) to pay another entity (the CDS buyer) a large sum of money if a CDO defaulted: that is, if the loans within a CDO were not paid back. A CDS buyer could profit only if a CDS seller lost.

During the 2007-2008 period, the prediction of these investors who were negative about the U.S. housing market came true on a mass scale. Millions of homeowners — some of them suddenly jobless because of a new recession — were unable to repay their home loans that had been bundled into CDOs. The CDOs then slid into default. The CDO defaults meant that the CDS sellers now owed the CDS buyers hundreds of billions of dollars. This sent some of these CDS sellers — even the largest such as Bear Sterns and Lehman Brothers — into bankruptcy almost overnight. The same fate seemed to await many of the country's largest financial institutions. The U.S. government ultimately stepped in to save them, igniting a political controversy that would continue for years to come.

41. What is the main purpose of the first paragraph?
    (A) To show how risk emerges from unexpected areas
    (B) To illustrate the steps in applying for home loans
    (C) To outline the response to a financial crisis
    (D) To prove how some stocks are more valuable than others

42. In paragraph one, all of the following are mentioned as reasons for the perceived safety of CDOs EXCEPT
    (A) Low purchase prices
    (B) Approval by ratings firms
    (C) Support of a senior official
    (D) Stability of the home loan market

Go on to the next page

43. The word “instruments” in line 11 is closest in meaning to
(A) products
(B) loans
(C) agencies
(D) officials

44. The word “unsustainable” in line 14 is closest in meaning to
(A) distasteful
(B) imperceptible
(C) temporary
(D) cautious

45. According to paragraph two, what did some investors predict?
(A) An increased number of mortgages
(B) Proof that bubbles did not really exist
(C) Higher taxes on investment profits
(D) A failure of property markets

46. Which of the following is true about CDSs?
(A) Money earned from CDS sales were used to fund CDOs.
(B) CDSs were simply a complex form of CDOs.
(C) CDS buyers would earn money if loans were unpaid.
(D) Investors who defaulted on loans could not purchase CDSs.

47. The word “scale” in line 23 is closest in meaning to
(A) point
(B) extent
(C) time
(D) reason

48. In the final paragraph, the author mentions Bear Sterns and Lehman Brothers to provide evidence that
(A) many homeowners paid too much for property
(B) a recession went on longer than expected
(C) the government forced some companies into bankruptcy
(D) even large firms had serious financial problems

49. In the final paragraph, the author mentions the 2007-2008 recession to imply that
(A) individuals of all types worked hard to save their homes
(B) job losses made some home loan repayments impossible
(C) CDO buyers had not prepared for an economic recession
(D) loans within CDOs quickly increased in profitability

50. What will the paragraph immediately following this passage likely discuss?
(A) Political consequences of the crisis
(B) Personal damages for defaulters
(C) The problem of joblessness
(D) The fate of other large financial institutions

This is the end of Section 3.

**If you finish before time is called,
check your work on Section 3 only.**

TOEFL ITP テスト
模擬試験

第2回

■ **Section 1**
Listening Comprehension 35

■ **Section 2**
Structure and Written Expression 44

■ **Section 3**
Reading Comprehension 53

Section 1
Listening Comprehension

1

CD 2 1～31

Part A

Directions: In the first part of the test, Part A, you will hear some short conversations. Each conversation is between two people. After each one, there will be a question about the conversation. You will hear these conversations and questions only once. After each question, please read the four possible answers in your test book. Then choose the best answer. Finally, find the number of the question on your answer sheet and fill in the space that corresponds to the letter of the correct answer.

Here is an example.

On the recording, you hear:

Sample Answer

Ⓐ ● Ⓒ Ⓓ

In your test book, you read:

(A) The man and woman will not go to the concert.
(B) The man shares the woman's viewpoint.
(C) The final musical piece was the best.
(D) The concert featured special performers.

You learn from the conversation that the woman did not like the concert and the man agrees. The best answer to the question "What does the man mean?" is (B), "The man shares the woman's viewpoint." Therefore, the correct choice is (B).

Wait

1. (A) She has already registered.
(B) A large number of courses are available.
(C) There is no need to hurry to sign up.
(D) The man and the woman do not need the class.

2. (A) It is the main way students get to the gym.
(B) It stops in an area near the school.
(C) It skips the next stop.
(D) It only opens its front doors to passengers.

3. (A) The handouts were not distributed.
(B) The professor left out some pages.
(C) The man does not possess some materials.
(D) The woman arrived late to a class discussion.

4. (A) Confirm some information.
(B) Purchase a newer edition.
(C) Pass her the newspaper.
(D) Contact the college.

5. (A) The woman needs time to study properly.
(B) The man cannot attend an event.
(C) The jazz band does not perform well.
(D) The midterm exams begin on the weekends.

6. (A) He will apply for a scholarship.
(B) He heard back about a job.
(C) He is waiting for information.
(D) He expects to give feedback.

7. (A) Review a previous chapter.
(B) Spend less time taking breaks.
(C) Continue reading later on.
(D) Leave difficult sections alone.

8. (A) The man needs a new document.
(B) The woman lost her ID.
(C) There is a fee to replace some items.
(D) There is a desk that must be moved.

9. (A) He didn't remember a rule.
(B) He does not agree with a policy.
(C) He wants the woman to wear glasses.
(D) He went to the wrong laboratory.

10. (A) There is not enough time left.
(B) More work has to be done.
(C) The man received a poor grade.
(D) Too much money has been spent.

Go on to the next page

11. (A) She has written many papers.
(B) She has finished all of her research.
(C) She will have numerous assignments.
(D) She will count all of her projects.

12. (A) The woman missed a deadline.
(B) The man dropped a course.
(C) Today is the last day of the week.
(D) The class is nearly full of students.

13. (A) She inserted multiple quotes.
(B) It has to be turned in outside the class.
(C) Attachments are unnecessary.
(D) Sources must be identified.

14. (A) She wants a bigger place.
(B) She prefers to avoid noise.
(C) She stays home on most evenings.
(D) She is looking for a quiet roommate.

15. (A) He is judging a contest.
(B) He won an award.
(C) He purchased a painting.
(D) He will submit a work.

16. (A) The next seminar will be more interesting.
(B) The woman missed part of the lecture.
(C) Questions can be asked later.
(D) Time can be saved by using e-mail.

17. (A) The break is starting soon.
(B) He is looking forward to school.
(C) The winter only began recently.
(D) He is eager for a period to start.

18. (A) Get a refund on her supplies.
(B) Try another section of the shop.
(C) Use the Internet.
(D) Visit a different school.

19. (A) He should doubt what he heard.
(B) She hasn't heard any rumors.
(C) She doesn't know the professor.
(D) The class teacher has been changed.

20. (A) He is going on the field trip.
(B) The journey is not required.
(C) The forest is far away.
(D) He needs to know more.

Go on to the next page

21. (A) The man's team is not very good.
(B) The woman is looking for a player.
(C) The man does not know much about softball.
(D) The woman will change her position.

22. (A) His assignments were delayed.
(B) He had confidence in the woman.
(C) He is catching up on his work.
(D) His doubts about his class are gone.

23. (A) She needs more ideas about a subject.
(B) She didn't enjoy the snacks.
(C) She doesn't know where the lounge is.
(D) She is uncertain about a person.

24. (A) Get career counseling.
(B) Look at a display.
(C) Register in a directory.
(D) Help her paint the wall.

25. (A) He partly agrees with the woman.
(B) He developed his own theories.
(C) He felt a lecture went on too long.
(D) He studied a somewhat different topic.

26. (A) Participation will affect a course score.
(B) He received a positive evaluation.
(C) The grades have already been posted.
(D) He is unsure of his class ranking.

27. (A) Use a discount.
(B) Describe a location.
(C) Exchange a coupon.
(D) Show him an item.

28. (A) She can stay home today.
(B) The man is too sick to attend school.
(C) The class has been canceled.
(D) She will feel much better tomorrow.

29. (A) Reschedule some courses.
(B) Go to a different office.
(C) Wait for a person.
(D) Return a course schedule.

30. (A) It hasn't functioned recently.
(B) It needs some repair work.
(C) It seems to have a small selection.
(D) It was installed a week ago.

Go on to the next page

CD 2 32 ~ 42

Part B

Directions: In Part B, you will be listening to longer conversations. After each conversation, you will listen to several questions. You will hear these conversations and questions only once.

After listening to each question, read the four possible answers in your test book. Then choose the best answer. Finally, find the number of the question on your answer sheet and fill in the space that corresponds to the letter of the correct answer.

Remember that taking notes or writing in your test book is not allowed.

Wait

31. (A) To a dormitory.
    (B) To a friend's home.
    (C) To a place of his own.
    (D) To an on-campus apartment.

32. (A) Off-campus housing must meet safety standards.
    (B) The university will not cover moving expenses.
    (C) Students must live within 5 miles of the city.
    (D) Freshmen must live on the school grounds.

33. (A) By taking the bus.
    (B) By riding a bike.
    (C) By walking from home.
    (D) By using his car.

34. (A) Professors' conferences.
    (B) Sports games.
    (C) Student meetings.
    (D) Evening classes.

35. (A) It is relatively easy to learn.
    (B) It is required by his major.
    (C) It fits his career goals.
    (D) It was suggested by a counselor.

36. (A) By reviewing a library board.
    (B) By e-mailing her later.
    (C) By asking a counselor.
    (D) By visiting a Web page.

37. (A) Registration for a course.
    (B) Help from another student.
    (C) Additional books for a subject.
    (D) An international ID card.

38. (A) Teach at the center.
    (B) Take an easier subject.
    (C) Find a campus guide.
    (D) Go to a facility.

Go on to the next page

CD 2 43～58

Part C

Directions: In Part C of the test, you will listen to several talks. After each talk, there will be some questions. These talks and questions will be read only once.

After each question, read the four possible answers in your test book. Then choose the best answer. Finally, find the number of the question on your answer sheet and fill in the space that corresponds to the letter of the correct answer.

Here is an example.

On the recording, you hear:

Now listen to a sample question.

Sample Answer

Ⓐ Ⓑ ● Ⓓ

In your test book, you read:

(A) To profile an important physics professor.
(B) To announce a theory about the universe.
(C) To examine various aspects of the sun.
(D) To review new images from satellites.

The best answer to the question "What is the main purpose of the online post?" is (C), "To examine various aspects of the sun." Therefore, the correct choice is (C).

Remember that taking notes or writing in your test book is not allowed.

Wait

39. (A) Chemicals cannot react with energy over a long period.
    (B) Some necessary materials were not present.
    (C) Organic compounds cannot emerge from inorganic ones.
    (D) Toxic gasses would have prevented such a situation.

40. (A) They are too fragile to exist in outer space.
    (B) They are found in icy earth dust.
    (C) They are formed from xenon and krypton.
    (D) They are a central part of proteins.

41. (A) Approximately 3.5 billion years ago.
    (B) Approximately 4.2 billion years ago.
    (C) Approximately 5.5 billion years ago.
    (D) Approximately 6.2 billion years ago.

42. (A) Look at a picture.
    (B) Draw a diagram.
    (C) Make a list.
    (D) Close their textbooks.

43. (A) In Sweden.
    (B) In Germany.
    (C) In Algeria.
    (D) In the United States.

44. (A) By their geographic locations.
    (B) By their types of goals.
    (C) By their usual work styles.
    (D) By their individuality.

45. (A) It was listed in the handouts.
    (B) It has some similarities with Mexico.
    (C) It is a low-context, polychronic culture.
    (D) It has an interesting feature.

46. (A) Handouts will be distributed.
    (B) Case studies will be reviewed.
    (C) Another person will lecture.
    (D) A subject will be continued.

Go on to the next page

47. (A) It harms the best-performing students.
(B) It fails to properly measure abilities.
(C) It creates a certain statistical pattern.
(D) It focuses students on course material.

48. (A) Taking the appropriate classes.
(B) Ranking highly within a class.
(C) Volunteering to help others.
(D) Receiving realistic experiences.

49. (A) Being questioned on course material.
(B) Being helped on any vague points.
(C) Being assigned intensive research.
(D) Being given unscheduled quizzes.

50. (A) Electronic goods will be analyzed.
(B) Lecture topics will be shown.
(C) Course problems will be e-mailed.
(D) Seating charts will be displayed.

This is the end of Section 1.
Stop work on Section 1

Do NOT read or work on any other section of the test.

Section 2
Structure and Written Expression

2

Time: 25 minutes

Structure

Directions: Questions 1-15 in Section 2 are incomplete sentences. Just below each sentence you will see four words or phrases. These are marked (A), (B), (C), and (D). From these, please choose the word or phrase that best completes the sentence. Next, find the number of the question on your answer sheet and fill in the space that corresponds to the letter of the correct answer.

Example **Sample Answer**

Oil has been called *black gold*, because of both its scarcity ------- high value in global markets.

(A) either
(B) neither
(C) and
(D) or

Ⓐ Ⓑ ● Ⓓ

The sentence should read, "Oil has been called *black gold*, because of both its scarcity and high value in global markets. Therefore, you should choose (C).

Now begin work on the questions.

Go on to the next page

1. ------- is a condition of drastic price increases over a prolonged period.
(A) Inflate
(B) Inflator
(C) Inflationary
(D) Inflation

2. Diamonds are formed deep underground by intense heat and pressure, rising to the ------- of the earth through volcanic activity.
(A) reflection
(B) eruption
(C) surface
(D) geographer

3. Before becoming a notorious outlaw, Jesse James ------- as an irregular soldier during the Civil War.
(A) served
(B) been served
(C) has served
(D) being served

4. Vultures, worms and ------- scavengers play a vital role in recycling dead organic material back into the environment.
(A) other
(B) another
(C) that
(D) theirs

5. Mark Twain was one of America's greatest writers, ------- known for his biting satire.
(A) good
(B) the well
(C) mostly goodness
(D) best

6. Organized crime began in large cities such as New York and Chicago, ------- on often chaotic living conditions in those areas.
(A) had capitalized
(B) capitalize
(C) capitalizing
(D) to be capitalizing

7. In the last decades of the 20th Century, fiber optic lines began ------- for copper cables in many telecommunication networks.
(A) have substituting
(B) be substitution
(C) substitute
(D) to be substituted

8. Animal cells ------- food into amino acids necessary to keep a creature alive.
(A) convert
(B) conversion
(C) convertible
(D) convertibly

Go on to the next page

9. Indonesia is the most ------- Muslim state, with the vast majority of its 238 million citizens adhering to Islam.
(A) population
(B) populate
(C) populous
(D) populously

10. Time slows down as an object accelerates, meaning that a person traveling near the speed of light ------- slower than one standing still.
(A) age
(B) aging
(C) would age
(D) to be aging

11. Packs of African wild dogs can bring down large animals, chasing their prey until they exhaustedly ------- to an attack.
(A) measure
(B) succumb
(C) persuade
(D) impart

12. Richard Nixon became the first U.S. president to resign from office instead of dealing with the impeachment facing -------.
(A) it
(B) those
(C) him
(D) them

13. A normal distribution of data appears ------- a bell-shaped curve, wide in the middle portion with long thin tails.
(A) and
(B) to
(C) as
(D) or

14. Jackson Pollock ------- for both his dynamic works of art and unconventional lifestyle.
(A) remember
(B) remembering
(C) is remembered
(D) be remembered

15. Some particles may be partly energy and partly matter, blurring Einstein's ------- that the two entities are separate.
(A) location
(B) concept
(C) grade
(D) detachment

Go on to the next page

Written Expression

Directions: Each sentence in questions 16-40 has four underlined words or phrases. These four underlined parts are marked (A), (B), (C), and (D). Find the one word or phrase that needs to be changed in order for the sentence to be correct. Finally, find the number of the question on your answer sheet and fill in the space that corresponds to the letter of the correct answer.

Example

Encryption is <u>the</u> (A) science <u>of changing</u> (B) plain text or <u>other</u> (C) data into a <u>securely</u> (D) code.

Sample Answer

Ⓐ Ⓑ Ⓒ ●

The sentence should read, "Encryption is the science of changing plain text or other data into a secure code." Therefore, you should choose (D).

Now begin work on the questions.

Go on to the next page

16. Chicago developed a highly diversified economy that ranged from commodities
A B
trading to the railroad industrial.
C D

17. The public school districts of the United States are locally funded and manage,
A B C
and this is reflected in their uneven academic performance.
D

18. Dolphins communication with each other through a series of clicks and whistles,
A B
although it is unclear whether this constitutes an actual language.
C D

19. Manufacturing outsourcing began as far back as the 1960s, but increased in pace
A B C
that the 1980s onward.
D

20. The polar bear uses its great weight to pushing down on and break ice floes
A B
to hunt seal pups below.
C D

21. The Securities and Exchange Commission protect investors against fraud
A B
but not ordinary trading losses.
C D

22. Electrical current can easily pass through conductive materials such as copper,
A B C
used in much communication lines.
D

23. At threatened, some species of fish swim in a large, swirling spherical formation
A B C
to confuse attackers.
D

Go on to the next page

24. Biologists are coming to (A) believe that (B) chemical imbalances are responsibility (C) for most human behavioral (D) dysfunction.

25. The president of the United States is limited (A) to two terms but no that (B) limits exist (C) for members of (D) Congress.

26. The great herds of (A) buffalo that once (B) roamed North American plains were large (C) eradicated through (D) unrestricted hunting.

27. The plague became a (A) recurring pandemic that regularly (B) killed millions of people at (C) Asia and Europe well into (D) the Middle Ages.

28. Large cities of (A) concrete and glass have become (B) "heat islands," which reflecting (C) solar radiation and raise local (D) temperatures.

29. Moose are territory (A) and will not tolerate (B) each other, with exceptions being (C) when sharing a stream to feed (D).

30. Communities in the (A) Appalachians have a distinctive (B) culture, including (C) music and dialects not found else (D).

31. The American legal system is built on (A) the concept (B) of precedent (C), or usage on (D) past cases and rulings.

Go on to the next page

32. New physics theories suggest that there may be multiple universes, some only
A B C
slightly vary from others.
D

33. Air molecules create friction, it in turn slows the momentum of moving cars or
A B C D
airplanes.

34. Although greatly feared at those time, the Spanish Armada was poorly organized
A B C
and fell into disarray upon entering the English Channel.
D

35. Animal or plant mutations sometimes carry environmental advantages that
A B
contribution to a species' long-term survival.
C D

36. Over a period of millennia, rivers or glaciers are capacity of forming geological
A B
wonders like the Grand Canyon.
C D

37. With neither claws nor armor neither speed, humans have long used their
A B C
intelligence to compete in nature.
D

38. Temperature changes in a desert can be abruptly, with days of searing heat giving
A B C
way to nights of deep cold.
D

39. Allies aside World War Two, the Soviets and the Americans quickly slid into a
A B
dangerous rivalry after 1945.
C D

40. Pythagoras remains a celebrate mathematician, although he also wrote works
A B C
of philosophy and ethics.
D

This is the end of Section 2.
If you finish before time is called, check your work on Section 2 only.

No test material on this page.

Section 3
Reading Comprehension

3

Time: 55 minutes

Directions: In Section 3, Reading Comprehension, you will read various passages. Each passage will be followed by a number of questions. Please choose the best answer, (A), (B), (C), or (D), to each question. Next, find the number of the question on your answer sheet and fill in the space that corresponds to the letter of the best answer.

Please use only the information given in each passage to answer each question.

Read the following passage:

The dominant historical narrative of the United States is one of Northern Europeans expanding from the eastern coast of the continent westward into the interior. However, this narrative — even if confined to the 18th and 19th centuries — is substantially incomplete. The traditional narrative overlooks immigrants from the Spanish Empire and Mexico, with citizens of the latter country becoming Americans when Mexico ceded its northern territories to the United States. The narrative also overlooks immigrants from Asia who were crucial in developing the American West and American Pacific islands. Finally, the traditional narrative downplays the role of Africans, brought forcibly to the United States as slaves, and Native Americans.

Example

Sample Answer

(A) ● (C) (D)

What is the main idea of the passage?

(A) Scholars have missed important facts about Northern Europeans.
(B) Conventional analyses have minimized some historical facts about America.
(C) Immigrants have been crucial to American economic development.
(D) Historians disagree on the impact of the Spanish Empire on the United States.

The main idea of the passage is that traditional interpretations have not focused on all aspects of American history. Therefore, you should choose (B).

Now begin work on the questions.

Go on to the next page

Questions 1-10

As is well known, infants can learn languages quickly. An adult could devote years or even decades of intensive study to a non-native language yet never gain the fluency that an infant achieves almost effortlessly. This is a result of the genetic design of infant brains. This design makes the infant receptive to language acquisition in a way that adults are not.

Scholars originally postulated that infant language comprehension developed through listening to adults. A flaw in this theory was that human languages are extensive and infants are exposed to only a fraction of their vocabulary and grammatical structures. As neuroscience progressed, it was asserted that while the listening component was important for language mastery, the biological makeup of the infant brain was a more critical factor.

Specifically, infant brains are genetically primed to use a capacity known as neural commitment, the ability to focus on and predict linguistic patterns from only a small subset of a language. An infant brain recognizes statistical patterns among sounds, such as between vowels and consonants, as well as breaks between words and sentences. It uses this capacity to accurately predict the grammatical foundation of the entire language. This statistics-based predictive capability regarding sound is so powerful that infants can discern and predict individual notes in a long piece of music.

Neural commitment locks the infant brain onto a single language for acquisition, which is why it is so difficult for adults or even older children to learn non-native languages; once the brain is locked, new communication patterns can only be learned through deliberate study. Neural commitment can accommodate two or more languages but only if the infant is exposed to them regularly during the locking period, making a child naturally multilingual.

Neural commitment does not necessarily have to be based on sounds. Studies show that deaf infants, using the previously mentioned statistical and predictive capacity, can build a native-level mastery of sign language if exposed to even a portion of its vocabulary and grammatical structure.

1. What is the main topic of the passage?
   (A) The similarities among languages
   (B) The proper care of babies and children
   (C) The biological basis of language development
   (D) The variations among infant skill sets

2. The author mentions non-native language study by adults to
   (A) suggest that adults can use some of the same methods as infants
   (B) show how many years are necessary to gain native-level fluency
   (C) point out that some languages are too complex to easily learn
   (D) illustrate how the ability to learn languages declines over time

Go on to the next page

3. What is the best description of the organization of paragraph two?
(A) A theory followed by its revision
(B) A confirmation of established ideas
(C) Speculation without a firm conclusion
(D) Rejection of a new volume of evidence

4. The word "component" in line 10 is closest in meaning to
(A) action
(B) time
(C) part
(D) idea

5. According to the passage, neural commitment enables an infant to
(A) translate non-native languages into native ones
(B) focus on vowels before moving onto consonants
(C) develop an individually unique grammar
(D) use pattern recognition to learn a language

6. The word "primed" in line 12 is closest in meaning to
(A) superior
(B) prepared
(C) insulated
(D) intelligent

7. Why does the author mention notes from a musical piece?
(A) To suggest that language fluency builds musical skill
(B) To illustrate the ability to detect and forecast distinct sounds
(C) To show that music improves the mood of babies significantly
(D) To prove that infants can learn multiple languages

8. The word "deliberate" in line 23 is closest in meaning to
(A) traditional
(B) collective
(C) uncontested
(D) purposeful

9. According to the passage, multilingualism may come naturally to infants if they are
(A) taught by highly competent adults
(B) prevented from locking onto any one type of speech
(C) limited to hearing no more than two languages
(D) exposed to communications at a specific phase

10. The author mentions usage of sign language in order to suggest that
(A) deaf children cannot rely on neural commitment
(B) sign language lacks a complex linguistic system
(C) communication development is not limited to spoken cues
(D) body language can convey meanings better than sound

Go on to the next page

Questions 11-20

Black holes are one of the most interesting phenomena in the universe. They are the consequence of a large amount of matter being forced into an extremely small space. The resulting black hole then generates gravity that is so strong that even light cannot escape. An ordinary black hole may be smaller than several solar masses, with one solar mass equaling the sun. A supermassive black hole may be several billion solar masses large. These sit in the center of each galaxy and may even be the creators of galaxies.

This galaxy creation seems to happen in several steps. Firstly, swirling gasses collapse into a supermassive black hole. Afterwards, any remaining gasses within the gravitational range of the supermassive black hole are pulled inside. The gasses are tightly compressed as this occurs, causing them to become superheated and give off brilliant light. A supermassive black hole with this light around it is a quasar. Only when the entity has consumed all surrounding gasses does it end the quasar phase and go quiet, in that it stops giving off obvious sign of its existence. This appears to be the state of the supermassive black hole at the center of our galaxy.

Gasses and matter too far away to be drawn into the supermassive black hole eventually settle into stable orbits around it. Some of these orbits may be relatively close to the supermassive black hole while others are relatively remote. A galaxy is simply this newly formed collection of stars and other material circling a supermassive black hole.

The stars in the new galaxy are composed of the same matter present before its emergence. These stars established early orbits — however distant now — around the supermassive black hole at its creation. This is why stars at the very edge of the galaxy orbit the supermassive black hole at the same speed as those closest to the center — despite the fact that stars at the galaxy edge are too far away to be affected by supermassive black hole gravity anymore.

11. What does the passage mainly discuss?
    (A) The different locations of black holes
    (B) The origins of the universe
    (C) The creation of planetary systems from stars
    (D) The major features of galaxy development

12. The word "phenomena" in line 1 is closest to
    (A) concepts
    (B) things
    (C) locations
    (D) distances

13. According to the first paragraph, black holes have powerful gravity because they
    (A) compact an immense amount of a substance
    (B) grow from a few into billions of solar masses
    (C) convert one form of matter into another
    (D) sit in the center of each galaxy

Go on to the next page

14. What does the second paragraph mainly discuss?
(A) The composition of space
(B) The collision of two quasars
(C) The stages of a cosmic object
(D) The distances between black holes

15. The author mentions all of the following as features of galaxies EXCEPT
(A) their original composition
(B) the shape of one compared to another
(C) the behavior of their gasses
(D) their changing phases over time

16. The word "brilliant" in line 12 is closest in meaning to
(A) complex
(B) intense
(C) directed
(D) fast

17. The word "it" in line 13 refers to
(A) entity
(B) quasar
(C) sign
(D) existence

18. Which of the following statements can be inferred from the passage?
(A) Little is really known about how galaxies are generated.
(B) All stars in a galaxy evolved from the same matter.
(C) Gravity restricts the expansion of any particular galaxy.
(D) Most galaxies consist of stars without clear orbits.

19. In the final paragraph, the author refers to the edge of a galaxy to illustrate that
(A) supermassive black holes never lose gravitational pull
(B) a large galactic mass is inherently unstable
(C) stars' movement patterns were determined at galaxy formation
(D) light moves at a constant rate regardless of the environment

20. Where in the passage does the author discuss matter existing before and after the formation of a galaxy?
(A) Lines 18-20
(B) Lines 21-22
(C) Lines 22-23
(D) Lines 23-26

Go on to the next page

Questions 21-30

By the closing decades of the 19th century, two major issues in America were women's voting rights, commonly referred to as suffrage, and temperance, the abstention from alcohol or abolition of its sale and consumption. An alliance of progressives and temperance promoters pushed both of these issues toward the forefront of American politics.

Temperance groups such as the Woman's Christian Temperance Union (WCTU) worked hard against alcohol during the late 19th and early 20th century. This was partly due to their interpretation of Biblical texts but also due to the effect of alcohol on households. An alcoholic husband could not provide for his family, driving them into destitution — which had a wider negative impact on society as a whole. Although the WCTU was conservative, it supported women's suffrage as a means to abolish alcohol; it felt that women voters would elect politicians who supported temperance.

Progressives supported women's suffrage as part of an overall sociopolitical platform that included increasing the rights of workers, assisting the poor and ending corporate depredations. Like the WCTU, progressives viewed alcohol as a destructive force, especially among the working class and poor. Both progressives and temperance groups vilified the alcohol industry for marketing its products aggressively. The alcohol industry, in turn, supported and funded anti-temperance and anti-suffrage groups.

The progressive-temperance alliance was uneasy, since the groups had broader visions that were at variance. The WCTU saw temperance and women's suffrage as a way to create peaceful, God-fearing and productive homes. Progressives saw temperance and women's suffrage as methods for radically changing the social and economic structure of America.

Nevertheless, 15 American states had granted women full suffrage as the second decade of the 20th century neared its end and many parts of the still-growing country prohibited alcohol. Despite massive business opposition, in the 1919-1920 period, the United States government passed the 18th Amendment to the Constitution, banning the sale or manufacture of alcohol. It passed the 19th Amendment shortly afterward, which gave women the right to vote nationwide. Yet, only one of the two new laws would prove enduring. The 18th Amendment would ultimately be repealed but the 19th would survive all challenges.

21. What is the main purpose of the first paragraph of the passage?
    (A) To indicate problems in earlier studies
    (B) To analyze competing theories
    (C) To introduce a personal profile
    (D) To outline interrelated trends

22. According to the passage, all of the following were reasons the WCTU opposed alcohol EXCEPT
    (A) ideas from religious texts
    (B) heavy drinking by women
    (C) harm to family structure
    (D) effect on social organization

Go on to the next page

23. The word "destitution" in line 10 is closest in meaning to
(A) poverty
(B) ignorance
(C) boredom
(D) anger

24. The author mentions progressives' assistance to the poor as an example of their
(A) belief in Christian principles of justice and mercy
(B) willingness to work alongside temperance groups
(C) commitment to helping vulnerable populations
(D) discipline due to avoiding alcohol

25. The word "depredations" in line 15 is closest in meaning to
(A) unpopularity
(B) bankruptcies
(C) indecisiveness
(D) abuses

26. According to the author, how did the alcohol industry respond to criticisms of its behavior?
(A) By questioning the real damage done by alcoholism
(B) By agreeing to some industrial regulations
(C) By eliminating overly aggressive marketing
(D) By giving money to some organizations

27. What does the passage imply about the temperance and progressive movements?
(A) They opposed each other over the issue of drinking.
(B) They had different long-term plans for the country.
(C) They wanted to expose corrupt religious leaders.
(D) They had rejected cooperation on any goals.

28. The word "It" in line 29 refers to
(A) amendment
(B) Constitution
(C) government
(D) alcohol

29. The paragraph preceding the passage most likely discusses
(A) Classical definitions of democracy
(B) The chemical effect of alcohol on the body
(C) The historical role of women in other countries
(D) Social and political life in 19th century America

30. With which of the following statements would the author most likely agree?
(A) American political alliances rarely succeed in forming.
(B) It is difficult to predict which laws will become permanent.
(C) Policies opposed by big companies are rarely enacted.
(D) Women have been unable to impact the Constitution.

Go on to the next page

Questions 31-40

Bats use sound to move through their surroundings as effectively as humans use eyes. A series of sound waves, most above the range of human hearing, are emitted through the creature's throat or nose. These sound waves bounce off objects and return to the animal as echoes, registering in the bat's brain as very detailed images of the world immediately around it. This is true even in total darkness, which is why the creatures can easily fly and survive in lightless environments such as caves.

The images that the bat receives provide detailed information as to the shape, position and relative motion of objects or living beings. This is because bats emit sound waves along a range of frequencies. Different frequencies will echo in different ways and at different speeds, enabling bats to distinguish an insect — the prey of many types of bat — flapping its wings from another flying bat, a rock or tree. Bats can also distinguish geometric surfaces through emitted sound waves. An echo will sound differently depending on the surface. This helps the creature swoop in on horizontal still surfaces such as ponds or lakes to drink or avoid vertical flat surfaces such as mountainsides. It can also pick out tall, thin, circular shapes, such as fruit trees, which provide food to some species of bats, or crevices, where some bats nest.

Since the bat is continuously emitting these sound waves, it is likewise continuously hearing their echoes. One sound wave emission and returning echo follows another, separated by milliseconds. To avoid confusion, the animal contracts a part of its middle ear as it emits sound waves, then relaxes it in time to clearly hear the returning echo. This also permits the bat to hear variations among echoes and adjust its flight accordingly.

Sound wave emission, middle ear contraction and relaxation, image mapping in the brain and flight adjustment all happen in fractions of a second. This is too fast for the bat to consciously do, so it is performed by the animal's nervous system, the network of nerves and muscles that operate automatically.

31. What is the main topic of the passage?
    (A) The eating habits of bats
    (B) How a species evolved
    (C) The way an animal navigates
    (D) How bats use sound to hunt

32. The author mentions caves in order to provide an illustration of
    (A) the preference of bats for underground habitation
    (B) the loudness of echoes in the darkness
    (C) the risks of lightless environments to humans
    (D) the effectiveness of bats' guidance techniques

Go on to the next page

33. According to the passage, bats emit sound along various frequencies in order to
(A) attract certain types of insects
(B) block the signals of competing bats
(C) gain accurate environmental data
(D) increase speed while chasing flying prey

34. The phrase "swoop in on" in line 13 is closest in meaning to
(A) show hostility toward
(B) directly target
(C) overcome
(D) escape

35. The author compares various geometric surfaces to illustrate that bats can
(A) identify objects by their shape
(B) emit signals regardless of their position
(C) adjust flight to each returning echo
(D) travel both vertically and horizontally

36. The word "likewise" in line 17 is closest in meaning to
(A) enthusiastically
(B) similarly
(C) possibly
(D) securely

37. According to the passage, the contraction of the bat's middle ear results in
(A) generating a continuous emission of sound waves
(B) temporary confusion among incoming signals
(C) understanding each echo without interference
(D) separating flight adjustment from the hearing process

38. The passage implies that the nervous system
(A) may be improved through conscious effort
(B) is a network of muscles that are mostly unused
(C) reduces image mapping to an understandable pace
(D) operates without any voluntary action

39. Which of the following statements can be inferred from the passage?
(A) Animals shift among environments to suit their strengths.
(B) Bats hunt at night because of their weak ability to see.
(C) Flying creatures rely more on echoes than vision.
(D) Sound can serve some creatures as light does others.

40. The paragraph following the passage probably discusses
(A) the regions where bats are often found
(B) the internal biology of the bat
(C) the reaction of nighttime creatures to daylight
(D) the relative power of hearing among animals

Go on to the next page

Questions 41-50

Slavery was one of the central causes of the 1861-1865 American Civil War, but divisions over slavery were not simply moral ones. Rather, by the middle of the 19th century slavery was connected to other divisions between the American Northern and Southern states.

As an example, slavery caused both regions to grow along starkly different economic tracks. Almost wholly agrarian, the South became dependent on slaves for its plantations growing cotton, tobacco, and other crops. This meant that most Southern whites, even those who could not afford slaves, defended slavery as crucial to their economy. Conversely, the North developed an industrial economy centered on free white labor. These free white workers felt that any expansion of slavery could lead to widespread unemployment and poverty — as it had among southern white workers displaced by black slaves. Northern whites feared and detested this "slave power" that plantation owners held over white laborers. Northern whites therefore sought to limit or end slavery to preserve their livelihoods. Southern whites became equally determined to maintain or expand slavery for their own economic benefit.

Apart from these economic divisions, slavery aggravated political tensions between North and South. Chief among these was the admission of states where slavery was legal (slave states) against those where it was not (free states). Generally, slave states added to the political power of the South, while free states did the same for the North. Agreements such as the 1820 Missouri Compromise balanced the number of slave and free states but had only a limited effect on easing animosities. Indeed, by the 1850s opposing feelings in the North and South had deeply hardened. By that period, abolitionists in the North were calling for a nationwide ban on slavery, while secessionists in the South were demanding a withdrawal of Southern states from the United States. Ironically, advocates of either secession or abolition held in common a desire for an end to the divisive question of slavery and the issues that it had become intensely intertwined with.

Ultimately, such an end seemed to arrive with the presidential electoral victory of the openly antislavery Abraham Lincoln in 1860. Angered at the election result, Southern states began to secede soon after he took office, raising local armies as they did so. This prompted an armed response from the Northern government under Lincoln. As fighting broke out between the two sides at Fort Sumter, slavery and all the issues it was tied to would finally be settled in four years of bloody combat.

41. What would be the best title for the passage?
    (A) An Unexpected War
    (B) Workers in 19th Century America
    (C) The Historical Injustice of Racism
    (D) The Complexities behind a Conflict

42. The organization of paragraph two is best described as
    (A) an analysis of sharp contrasts
    (B) a modification of an existing theory
    (C) a criticism of a new perspective
    (D) an assertion without substantiation

Go on to the next page

43. According to the passage, what was a result of the plantation economy of the American South?
(A) Opposition among educated elites
(B) Difficulties in transporting crops
(C) Unstable agricultural output
(D) Low incomes for ordinary whites

44. The word "detested" in line 12 is closest in meaning to
(A) blocked
(B) hated
(C) reduced
(D) seized

45. The word "aggravated" in line 16 is closest in meaning to
(A) criticized
(B) restricted
(C) worsened
(D) demoted

46. It can be inferred from the passage that the 1820 Missouri Compromise was
(A) unable to stabilize interregional disputes
(B) unclear in its primary political intent
(C) responsible for attracting settlers
(D) legal but unenforceable by local authorities

47. Which of the following is stated as an attribute of both secessionists and abolitionists?
(A) The willingness to gradually release slaves
(B) The desire to finalize a solution
(C) The goal of industrializing the country
(D) The determination to go to war

48. The phrase "intertwined with" in line 27 is closest in meaning to
(A) reliable at
(B) unsupportive of
(C) irresponsible about
(D) involved in

49. Which of the following is NOT mentioned as an effect of slavery on the pre-Civil War United States?
(A) Separate regional development paths
(B) Differing attitudes toward slave power
(C) Opposing outlooks on new state admission
(D) Slow mechanization of large farms

50. What most likely is the paragraph following this passage about?
(A) The background of Abraham Lincoln
(B) The arguments of pro and anti-slavery groups
(C) The military campaigns of North and South
(D) The role of forts prior to the Civil War

This is the end of Section 3.

**If you finish before time is called,
check your work on Section 3 only.**

スコアの予想

模擬試験を終えたら、下記の換算方法に従って、およその予想得点を計算してみましょう。ただし、実際の得点は運営団体であるETSの独自の方法によって算出されますので、下記はあくまで実力を大まかに知るための目安と考えてください。

まず、答え合わせをしてください。本冊の解答・解説の扉（第1回19ページ、第2回97ページ）に解答一覧がありますので、それを使うと速くできます。

それが済んだら、セクションごとにいくつ正解があったかを数えて、下の表に従って、各セクションの点数の最大値と最小値を確認してください。

正解数	Section 1	Section 2	Section 3
48 - 50	63 - 68		63 - 67
45 - 47	60 - 62		61 - 62
41 - 44	57 - 59		58 - 60
39 - 40	56	62 - 68	56 - 57
36 - 38	54 - 55	59 - 61	54 - 55
33 - 35	52 - 53	57 - 58	52 - 53
30 - 32	49 - 51	54 - 56	50 - 51
27 - 29	47 - 48	51 - 53	48 - 49
24 - 26	45 - 46	48 - 50	45 - 47
21 - 23	43 - 44	45 - 47	43 - 44
18 - 20	40 - 42	43 - 44	41 - 42
15 - 17	38 - 39	40 - 42	39 - 40
12 - 14	36 - 37	37 - 39	37 - 38
9 - 11	34 - 35	34 - 36	35 - 36
6 - 8	32 - 33	32 - 33	32 - 34
0 - 5	31	31	31

そして、最小の場合と最大の場合それぞれに対して、各セクションの点数を合計して、それを10倍したものを、3で割ります。それがあなたの予想されるスコアとなります。

例

Section 1で 35問、Section 2で 32問、Section 3で 38問、正解だった場合、それぞれ **52-53**点、**54-56**点、**54-55**点程度と換算されます。

$$52 + 54 + 54 = 160 \rightarrow 160 \times 10 \div 3 \fallingdotseq 533$$

$$53 + 56 + 55 = 164 \rightarrow 164 \times 10 \div 3 \fallingdotseq 547$$

あなたのスコアは**533～547**点程度と予想されます。

なお、あくまで目安ですが、留学に有効である TOEFLテストは下の表のように点数が対応していると言われています。TOEFL ITPは、そのまま留学に使用できるものではありませんが、スコアの基準はPBT（Paper-Based Testing）と同じと考えてください。現在はiBT（Internet-Based Testing）が主流です。

一般大学レベル		難関大学、大学院レベル		超難関校レベル	
iBT	61-80点	iBT	80-100点	iBT	105点
CBT	173-213点	CBT	213-250点	CBT	260点
PBT	500-550点	PBT	550-600点	PBT	620点

キリトリ線

模擬試験　第1回　解答用紙

EXAMPLE				
CORRECT	INCORRECT	INCORRECT	INCORRECT	INCORRECT
A B ● D	A B ✓ D	A B ✗ D	A B ● D	A B Ⓒ D

SECTION 1

1	A B C D	21	A B C D	41	A B C D
2	A B C D	22	A B C D	42	A B C D
3	A B C D	23	A B C D	43	A B C D
4	A B C D	24	A B C D	44	A B C D
5	A B C D	25	A B C D	45	A B C D
6	A B C D	26	A B C D	46	A B C D
7	A B C D	27	A B C D	47	A B C D
8	A B C D	28	A B C D	48	A B C D
9	A B C D	29	A B C D	49	A B C D
10	A B C D	30	A B C D	50	A B C D
11	A B C D	31	A B C D		
12	A B C D	32	A B C D		
13	A B C D	33	A B C D		
14	A B C D	34	A B C D		
15	A B C D	35	A B C D		
16	A B C D	36	A B C D		
17	A B C D	37	A B C D		
18	A B C D	38	A B C D		
19	A B C D	39	A B C D		
20	A B C D	40	A B C D		

SECTION 2

1	A B C D	21	A B C D
2	A B C D	22	A B C D
3	A B C D	23	A B C D
4	A B C D	24	A B C D
5	A B C D	25	A B C D
6	A B C D	26	A B C D
7	A B C D	27	A B C D
8	A B C D	28	A B C D
9	A B C D	29	A B C D
10	A B C D	30	A B C D
11	A B C D	31	A B C D
12	A B C D	32	A B C D
13	A B C D	33	A B C D
14	A B C D	34	A B C D
15	A B C D	35	A B C D
16	A B C D	36	A B C D
17	A B C D	37	A B C D
18	A B C D	38	A B C D
19	A B C D	39	A B C D
20	A B C D	40	A B C D

SECTION 3

1	A B C D	21	A B C D	41	A B C D
2	A B C D	22	A B C D	42	A B C D
3	A B C D	23	A B C D	43	A B C D
4	A B C D	24	A B C D	44	A B C D
5	A B C D	25	A B C D	45	A B C D
6	A B C D	26	A B C D	46	A B C D
7	A B C D	27	A B C D	47	A B C D
8	A B C D	28	A B C D	48	A B C D
9	A B C D	29	A B C D	49	A B C D
10	A B C D	30	A B C D	50	A B C D
11	A B C D	31	A B C D		
12	A B C D	32	A B C D		
13	A B C D	33	A B C D		
14	A B C D	34	A B C D		
15	A B C D	35	A B C D		
16	A B C D	36	A B C D		
17	A B C D	37	A B C D		
18	A B C D	38	A B C D		
19	A B C D	39	A B C D		
20	A B C D	40	A B C D		

キリトリ線

模擬試験　第2回　解答用紙

EXAMPLE				
CORRECT	INCORRECT	INCORRECT	INCORRECT	INCORRECT
(A) (B) ● (D)	(A) (B) ✓ (D)	(A) (B) ✗ (D)	(A) (B) ◗ (D)	(A) (B) ◎ (D)

SECTION 1

1	(A) (B) (C) (D)	21	(A) (B) (C) (D)	41	(A) (B) (C) (D)
2	(A) (B) (C) (D)	22	(A) (B) (C) (D)	42	(A) (B) (C) (D)
3	(A) (B) (C) (D)	23	(A) (B) (C) (D)	43	(A) (B) (C) (D)
4	(A) (B) (C) (D)	24	(A) (B) (C) (D)	44	(A) (B) (C) (D)
5	(A) (B) (C) (D)	25	(A) (B) (C) (D)	45	(A) (B) (C) (D)
6	(A) (B) (C) (D)	26	(A) (B) (C) (D)	46	(A) (B) (C) (D)
7	(A) (B) (C) (D)	27	(A) (B) (C) (D)	47	(A) (B) (C) (D)
8	(A) (B) (C) (D)	28	(A) (B) (C) (D)	48	(A) (B) (C) (D)
9	(A) (B) (C) (D)	29	(A) (B) (C) (D)	49	(A) (B) (C) (D)
10	(A) (B) (C) (D)	30	(A) (B) (C) (D)	50	(A) (B) (C) (D)
11	(A) (B) (C) (D)	31	(A) (B) (C) (D)		
12	(A) (B) (C) (D)	32	(A) (B) (C) (D)		
13	(A) (B) (C) (D)	33	(A) (B) (C) (D)		
14	(A) (B) (C) (D)	34	(A) (B) (C) (D)		
15	(A) (B) (C) (D)	35	(A) (B) (C) (D)		
16	(A) (B) (C) (D)	36	(A) (B) (C) (D)		
17	(A) (B) (C) (D)	37	(A) (B) (C) (D)		
18	(A) (B) (C) (D)	38	(A) (B) (C) (D)		
19	(A) (B) (C) (D)	39	(A) (B) (C) (D)		
20	(A) (B) (C) (D)	40	(A) (B) (C) (D)		

SECTION 2

1	(A) (B) (C) (D)	21	(A) (B) (C) (D)
2	(A) (B) (C) (D)	22	(A) (B) (C) (D)
3	(A) (B) (C) (D)	23	(A) (B) (C) (D)
4	(A) (B) (C) (D)	24	(A) (B) (C) (D)
5	(A) (B) (C) (D)	25	(A) (B) (C) (D)
6	(A) (B) (C) (D)	26	(A) (B) (C) (D)
7	(A) (B) (C) (D)	27	(A) (B) (C) (D)
8	(A) (B) (C) (D)	28	(A) (B) (C) (D)
9	(A) (B) (C) (D)	29	(A) (B) (C) (D)
10	(A) (B) (C) (D)	30	(A) (B) (C) (D)
11	(A) (B) (C) (D)	31	(A) (B) (C) (D)
12	(A) (B) (C) (D)	32	(A) (B) (C) (D)
13	(A) (B) (C) (D)	33	(A) (B) (C) (D)
14	(A) (B) (C) (D)	34	(A) (B) (C) (D)
15	(A) (B) (C) (D)	35	(A) (B) (C) (D)
16	(A) (B) (C) (D)	36	(A) (B) (C) (D)
17	(A) (B) (C) (D)	37	(A) (B) (C) (D)
18	(A) (B) (C) (D)	38	(A) (B) (C) (D)
19	(A) (B) (C) (D)	39	(A) (B) (C) (D)
20	(A) (B) (C) (D)	40	(A) (B) (C) (D)

SECTION 3

1	(A) (B) (C) (D)	21	(A) (B) (C) (D)	41	(A) (B) (C) (D)
2	(A) (B) (C) (D)	22	(A) (B) (C) (D)	42	(A) (B) (C) (D)
3	(A) (B) (C) (D)	23	(A) (B) (C) (D)	43	(A) (B) (C) (D)
4	(A) (B) (C) (D)	24	(A) (B) (C) (D)	44	(A) (B) (C) (D)
5	(A) (B) (C) (D)	25	(A) (B) (C) (D)	45	(A) (B) (C) (D)
6	(A) (B) (C) (D)	26	(A) (B) (C) (D)	46	(A) (B) (C) (D)
7	(A) (B) (C) (D)	27	(A) (B) (C) (D)	47	(A) (B) (C) (D)
8	(A) (B) (C) (D)	28	(A) (B) (C) (D)	48	(A) (B) (C) (D)
9	(A) (B) (C) (D)	29	(A) (B) (C) (D)	49	(A) (B) (C) (D)
10	(A) (B) (C) (D)	30	(A) (B) (C) (D)	50	(A) (B) (C) (D)
11	(A) (B) (C) (D)	31	(A) (B) (C) (D)		
12	(A) (B) (C) (D)	32	(A) (B) (C) (D)		
13	(A) (B) (C) (D)	33	(A) (B) (C) (D)		
14	(A) (B) (C) (D)	34	(A) (B) (C) (D)		
15	(A) (B) (C) (D)	35	(A) (B) (C) (D)		
16	(A) (B) (C) (D)	36	(A) (B) (C) (D)		
17	(A) (B) (C) (D)	37	(A) (B) (C) (D)		
18	(A) (B) (C) (D)	38	(A) (B) (C) (D)		
19	(A) (B) (C) (D)	39	(A) (B) (C) (D)		
20	(A) (B) (C) (D)	40	(A) (B) (C) (D)		

もくじ

「学習アドバイス」の使い方 …… 2

模擬試験第１回を受ける前に …… 3

テストを受けるにあたっての事前アドバイス

テストを受けるにあたっての目標設定

TOEFL ITPテストの構成

模擬試験第１回を終了したら …… 9

改善すべき問題点の確認

テスト結果の分析

次回につなげるテスト対策

学習スケジュール表

模擬試験第２回を受ける前に …… 23

テストを受けるにあたっての事前アドバイス

試験対策を振り返る

模擬試験第２回を終了したら …… 27

結果分析・改善点・具体的計画について

テスト結果の分析

具体的計画

英語力向上のための３原則 …… 31

①「４技能統合型学習法」を取り入れる

②大量に読む・大量に聞く

③イメージの活用

TOEFL対策に役立つインターネットのサイト

具体的な学習方法

別冊②

「学習アドバイス」の使い方

模擬試験を受ける前、受けた後、そしてその間の学習に本冊子を利用しましょう。

模擬試験第1回を受ける前に	まずは目標を明確にして、今後の具体的な計画を立てましょう。またテストの構成、問題数、所要時間を確認し、TOEFLテストの形式をよく理解しましょう。
▼	
模試第1回に挑戦	TOEFL テストの形式をよく理解してから試験に臨みましょう。
▼	
模擬試験第1回を終了したら	テストを受けたら、結果を分析し、改善すべき問題点を明確にしましょう。また「次回につなげるテスト対策」を読んで、模擬試験第2回に備えましょう。
▼	
学習スケジュール表に記入	模擬試験第2回を受ける前に、学習すべき内容を記入し、勉強が終わったら一つ一つチェックしましょう。
▼	
模擬試験第2回を受ける前に	これまで取り組んできた試験対策を振り返り、テストで必要な項目を確認しましょう。
▼	
模試第2回に挑戦	TOEFL テストに再挑戦しましょう。
▼	
模擬試験第2回を終了したら	本番でさらに高い点数を取るために、テスト結果を分析し、問題点を明らかにしましょう。またそれを克服するための具体的計画を立てましょう。
▼	
英語力向上のための３原則	効果的な学習方法を身につけましょう。
▼	
本番試験	Good Luck!

模擬試験第1回を受ける前に

TOEFL ITPテストで高得点を取るために、まずは目標を明確にし、目標達成のための具体的な方法を考えましょう。

- **テストを受けるにあたっての目標設定**
- **TOEFL ITP テストの構成**
  - リスニング問題
  - 文法問題
  - リーディング問題

模擬試験第1回を受ける前に

テストを受けるにあたっての事前アドバイス

■テストを受けるにあたっての目標設定

TOEFL のための勉強を始める前に、まず TOEFL を受験する理由、目的および目標を明確に設定しておきましょう。みなさんが目標とする得点は、みなさんの英語力によってそれぞれ異なるでしょうから、目標点数に到達するためにどのような計画を立てたらよいか、またどのように勉強をしたらよいかも、それぞれ違ってきます。したがって、自分で考えて、各々の目的・目標に合った勉強をする必要があります。

右ページの表の各空欄に記入してみてください。みなさんが TOEFL を受験する理由・目的は何ですか。大学のクラス別編成や単位取得に TOEFL の得点が使われているからですか。それともアメリカやカナダの大学・大学院に留学するためですか。

「現在の TOEFL の得点」のところには、最近受験した TOEFL の中でいちばん高い得点を記入してください。TOEFL の受験経験がない人は、そのまま空白にしておいてください。「目標としている TOEFL の得点」のところには、個人的に設定した目標得点や、大学・大学院などで要求されている得点を記入します。海外への留学を目指す場合、TOEFL ITP の得点をそのまま使うことはできませんが、目安になりますので、希望する大学で必要な点数を各自調べてください。ここに書かれた得点が、これからみなさんが目指して勉強する得点となります。

次に、この目標を達成するための手段を考えましょう。どのような教材を使ったらよいでしょうか。本書だけで十分でしょうか。文法の基礎知識はありますか。文法に自信がない場合は、わかりやすく書かれた簡単な文法書を一度おさらいすることをおすすめします。リーディングに関してはどうですか。幅広く知識を吸収することを心がけていますか。また、大学・高校で TOEFL 受験講座などは開講されていますか。直接的な試験勉強以外に、どのような準備や手段を講じることができるかといったことも考えてみてください。

最後に、具体的な計画です。いつまでに何をどこまでするかを記入してください。たとえば、いつまでに○○の本を読み終える、いくつの単語を覚える、といったことを、3つか4つ程度書いておきましょう。

みなさんは、これから右ページに書き記した内容を念頭において、勉強を進めます。目標に到達できるように、最初に決めたことを最後まで守ってください。もちろん事情に応じて軌道修正することは可能です。その場合は、最初に立てた計画は書き残したまま、修正した計画を書き加えるようにしてください。そうすると現実的で実行可能な計画の立て方も学ぶことができます。重要なのは、自分で学習計画を立て、それを常にモニターし、そして振り返って進展具合や学習効果を評価し、効果的に学習を進める習慣や態度を身につけることなのです。

TOEFL を受験する理由・目的

例）2年後にアメリカの大学院に留学する

目標得点

現在のTOEFLの得点

目標としているTOEFLの得点

目標達成のための手段・方法など

具体的計画

年月日	到達目標

■TOEFL ITP テストの構成

以下はテストを受験する前に知っておくべき基本的な情報です。まずテストの問題数と所要時間を確認しておきましょう。

Section	問題数	所要時間
Listening Comprehension	50問	約35分
Structure and Written Expression	40問	25分
Reading Comprehension	50問	55分

▶▶▶ リスニング問題

Listening Comprehension は Part A, Part B, Part C の3つのパートに分かれており、それぞれ測定されるリスニング力が異なります。Part A, Part B, Part C に共通していることは、音声は1回しか流れないということ、また、質問はスピーカーから流れるだけで問題用紙には書き記されていないということのほか、TOEFL ITP は TOEFL PBT（Paper-Based Testing：ペーパー版 TOEFL テスト）で使用された問題を再利用しているので、PBT のルールと同様、リスニングの内容はメモを取ったり、問題用紙に書き込んだりすることができないということです。もしこのような行為が見られた場合は、カンニングという扱いになりますので、ご注意ください。

Part A 短い会話を聞き、その内容に関する質問（30問）に答える形式になっています。会話の長さは、男性あるいは女性の発言とそれに対する応答、という短いものです。質問に対する解答時間は12秒です。すなわち、12秒後に次の会話が流れます。

Part B Part A より長めの会話を2つ聞きます。そしてその内容に関する質問（それぞれ4問で計8問）に解答します。会話の長さは約1分で、男女の対話が5往復する程度です。ただし、一人一人の発話が2文以上にわたる場合があるので、全体的に量が多く、長く感じるでしょう。

Part C 長めのトーク（たとえば、ツアーガイドの案内やある地域の歴史など）や講義の一部などを聞いて、その内容に関する質問に答えます。聞き取る英文は3つ、質問はそれぞれ4問で計12問です。英文の長さは200語程度で、各トークの時間は1分以上あります。

▶▶▶ 文法問題

文法問題は Structure と Written Expression の2つに分かれています。Structure は英文の空所に適切な語句を補充する問題で、全部で15問です。Written Expression は、英文中の間違いを指摘する問題で、全部で25問です。実際の TOEFL は世界中の人が受験しますので、受験者の母語によって問題の難易に対する受け取り方が異なることもあり、たとえば日本語が母語の人はこのような間違いをしないといった問題も含まれています。ですから、簡単に解ける問題は素早く解答し、日本人学習者にとって、また学習者全般にとって難しい問題は時間をかけて解答することになります。したがって、1つの問題を何分で解答する、と均等に時間を割り当てるのは望ましくありません。さらに、TOEFL ITP 文法問題では与えられている25分間に問題間を行き来することが可能ですので、不確かな問題は後から時間をかけて見直すようにしましょう。

▶▶▶ リーディング問題

Reading Comprehension では、250語から350語程度のアカデミックな内容の英文を読み、その内容が理解できているかどうかを試す問題を解きます。問題文は5つ、質問はそれぞれ10問で計50問が出題されます。出題される分野はある特定の受験者が有利にならないよう、社会科学や自然科学など多岐にわたっています。また、専門的な知識はなくても、文脈の中で十分に意味が理解できるように作成されています。リーディング問題は、文章に書かれている内容の把握や推論だけではなく、文脈に関連して単語などの意味を正確に把握しているかどうかを尋ねる語彙問題や、さらに it や they などの代名詞が文中の何を指しているかといった、文法に関連した問題も出題されます。すなわち、個々の文の正確な意味を文脈から読み取り、文章全体の主旨や主張、結論を導き出せるかどうかが、リーディング問題のポイントと言えるでしょう。

目標確認と
準備ができたら、
模試第1回
に挑戦！

模擬試験第1回を終了したら

テストを受けたら、その結果を有効活用しましょう。結果を分析し、改善点をまとめれば、次回のテストでさらに高得点が望めます。

テスト結果の分析

時間配分について
問題点をまとめる

次回につなげるテスト対策

リスニング対策
文法対策
リーディング対策

学習スケジュール表

模擬試験第1回を終了したら

改善すべき問題点の確認

■テスト結果の分析

模擬試験第1回はいかがでしたか。テストを受けっぱなしにせず、ここで全体を振り返ることにしましょう。以下にそれぞれの Section の正解数と、所要時間内に解答した問題数を記入してください。

Section	正解数／問題数	所要時間内に解答した問題数
Listening Comprehension	／50問	問／約35分
Structure and Written Expression	／40問	問／25分
Reading Comprehension	／50問	問／55分

▶▶▶ 時間配分について

リスニングでは決められた時間（12秒）で解答することになっていますから、自分の思うように時間配分をすることができません。リスニングで大事なのは、わからない問いはきっぱりと諦めて次へ進む姿勢です。1つの質問にこだわりすぎて、次の質問を聞き逃してしまわないようにしましょう。

一方、文法問題では時間に注意する必要があります。時間配分の原則は「わかる問題の解答時間は最小限にとどめ、その分を難解な問題の解答に回す」ことです。つまり、ここでも1つの質問にこだわりすぎない姿勢が大事です。わからない問題は飛ばし、わかる問題からどんどん解答していきましょう。目安としては1問15秒程度、約10分かけて最後まで進んだら、残りの15分で改めて飛ばした問題に取り組んでください。

リーディングでは、約10分で1つの長文とそれに関する質問に答えなければなりません。時間節約のために、事前に質問に目を通して何が問われているかを確認しておきましょう。具体的には、「内容が問われている段落」、「言い換えが問われている語句」、「固有名詞」を確認します。英文中に該当箇所を見つけたら、精読するようにしましょう。なお、文章全体の要旨を問う問題も出題されるので、英文のテーマや筆者の主張に関わる部分（特に第1段落と最終段落）も注意して読むようにします。また、語句の意味を問う問題など、知らないと答えられない問題は、時間をかけすぎないように注意してください。

▶▶▶ 問題点をまとめる

下の表には、改善が必要だと予想される問題点が記されています。該当するものに○をつけてください。また、各 Section の空欄を利用して、具体的な内容も記しておきましょう(例：語と語の連音［リエゾン］が起こると聞き取れない)。

Section	問題点	チェック欄
リスニング	問題をすべて12秒以内に終了することができなかった	
	Part A は熟語・慣用表現の意味の解釈につまずいた	
	スピードについていけなかった(特に Part B & C)	
	内容を覚えていられなかった(特に Part B & C)	
文法	問題をすべて所要時間内に終了することができなかった	
	主語・述語の関係が把握できなかった	
	文の修飾関係をつかめなかった	
リーディング	問題をすべて所要時間内に終了することができなかった	
	文の修飾関係をつかめなかった	
	文章の構造や論理の展開を把握できなかった	
	苦手な分野が出題された(その分野は：　　　　　　)	
	未知の語がたくさん出てきた	
	日本語に訳してからでないと理解できなかった	

その他テストを受けて感じたこと、また、改善したい点などをそれぞれ以下に記しておいてください。

改善が必要だと思われる問題点	
Listening Comprehension	
Part A	
Part B	
Part C	
Structure and Written Expression	
Structure	
Written Expression	
Reading Comprehension	
全体を通して	

模擬試験第1回を終了して、「問題点」として挙がったものはいくつありましたか。より高い得点を目指す上で、どのような部分を改善したらよいでしょうか。

問題点がはっきりしたら、その原因がどこにあるのか考えてみてください。たとえば、時間内にリーディングの問題を全問終了することができなかったとしたら、それはなぜだと思いますか。11ページ、12ページの中にその答えがすべてありますか。それとも何か他に考えられますか。これからその部分を解決していくために、この段階で、問題点、改善点を明らかにしておいてください。

以下はテストを受験する際の注意点です。あわせて覚えておくとよいでしょう。

- 解答に関しては、自信が持てなくても、解答用紙を空欄のままにせず、すべてマークするようにしましょう。TOEFL では誤答をしても点数を引かれることはありません。
- 問題用紙の問題番号と解答用紙の問題番号を間違えないようにくれぐれも注意しましょう。1つずれてしまったという声をときどき聞きますが、どこからずれたのか見直し、修正するのにはたいへん時間がかかります。
- テストは長時間に及ぶので、テスト当日まで、十分健康管理をしてください。また、詰め込みや、前の夜に一気に勉強するような方法では、TOEFL で高得点を期待することはできません。またそのような勉強方法では、学習したことを長期にわたって保持しておくことができません。安定した英語力を手に入れるためにも、規則的に時間をかけて勉強するようにしましょう。

■次回につなげるテスト対策

それでは、それぞれの Section の試験対策を考えてみることにしましょう。

▶▶▶ リスニング対策

Part A

Part A は男性と女性の日常的な会話の一部で、その中で使われる熟語や慣用表現の意味を理解しているかどうかを試すために、特に第2話者が何を意味しているか、次に何をするだろうかといったことがよく出題されます。そのため、基本的な熟語や慣用表現はよく勉強しておく必要があります。

熟語や慣用表現は理屈では覚えにくいものが多いので、文から切り離さず、文の中でそのまま覚えるようにしてください。また、熟語や慣用表現には、感情を伴ったものが多いので、紙面で覚えるのではなく、音声を聞いて、音調から意味を感覚的に吸収することをおすすめします。何度も音声を聞いて表現を覚えるようにすれば、自然と聞き取る力の向上にもつながります。また聞き取りの際には、話者の関係（たとえば学生同士か教師と学生かなど）や両者の親密度（親しい関係か、単なる知り合いか、または見知らぬ者同士かなど）を考えて、会話の状況をイメージすることが大事です。つまり、熟語や慣用表現の意味を形式的に覚えるのではなく、イメージで覚えるということです。そうすることで、それがどのようなニュアンスを持った表現で、どのような場面で使われるのかといったことを、感覚的に吸収することができるようになります。

Part A では似た音を聞き分けられるか、意味を取り違えていないかなど、正確な音の聞き取りもテストの一部となっていますので、紛らわしい音声には要注意です。

Part B

Part B の会話は日常的な内容から、大学の授業・履修や寮生活など大学生活全般にわたっており、ここでは会話の内容が理解できているかどうかが焦点となっています。会話が長いので、神経を集中して聞くことが大切です。

Part B のような長めの会話になると、スピードについていけないとか、内容を追っていけないなどの問題が生じるようです。しかしたいていの場合、スピードそのものが問題というよりも、隣同士の単語が連続して発音される際に別の音が作り出され（liaison「連音／リエゾン」と言います）、そのせいでスピードを速く感じ、意味がつかめないというケースが多いようです。実際の会話では、1つ1つの単語が独立して発音されることは多くありませんので、連音はそのまま現象として聞き慣れるしかありません。そのためには、単語レベルで語彙を覚えるのではなく、「文中で聞いて覚える」ようにすることが大切です。また、連音が起こっている連結部分は紙面で確認しておくようにしてください。

もちろん、スピードそのものが問題になっている場合もあります。スピードが問題だという人は、書かれればすべて知っている語で、文の意味も簡単なのに、言われるとわからないという場合や、頭の中で意味を瞬時につかめないという場合が多いようです。こういった問題を抱えている人は、単に英語を聞き慣れていないだけなので、もっとたくさん英語を聞くことが必要です。読んでわかるレベルの英語をたくさん聞くことで、音を意味と結びつけることができるようになってきます。目新しい題材を聞くのではなく、まずは、今回受けた模擬試験を徹底的に勉強して、文字と音声が一致するようにスクリプトを見ながら何度もCDを聞くようにしましょう。それだけでもぐんと実力がつくはずです。

問題なのは、日本語を介さないと英語が理解できないという場合です。このような問題を抱えている人は、英語を聞いて、あるいは英語を読んで逐一日本語に訳さないと安心できないとか、また、そのような訳読の練習ばかりをしてきた人に多いようです。日本語に訳してから理解するという習慣は TOEFL では役に立ちません。また、聞いて瞬時に意味がつかめなければ、実際のコミュニケーションの場面で円滑に会話を進めることもできません。日本語が常に頭に浮かんでしまう人は、イメージをしやすい具体的で簡単な内容の英文を何度も繰り返し聞き、内容をイメージしながら理解するようにしてください。

Part C それでは Part C に関してはどうでしょうか。パッセージの内容を覚えていられないという問題はありましたか。TOEFL ITP は記憶力を試す問題ではないのに、記憶できないとよい点が取れない、という問題があるようです。前にも述べたように、TOEFL ITP ではメモを取ることは許されていないので、パッセージの内容は覚えておかなければなりません。しかしながら、内容を一語一句すべて覚えておく必要はありません。まずは要点を聞き取れることが大事です。「何について」、「どういうことが述べられているか」に焦点を当てて聞きます。「何について」の部分がいくつかある場合は、それぞれについてどのようなことが述べられているか、整理しながら聞かなければなりません。

さらに、TOEFL ITP では選択肢を見ることができます。リスニングのパッセージを聞く前に選択肢をざっと見て、パッセージのトピックや、またどのようなことが問題として聞かれそうか、だいたいの予測を立てることができます。たとえば、選択肢がすべてどこかの都市の名前になっていたら、それは都市について聞いていることになります。したがって「都市」に関しては注意して聞くことができます。また時間が並んでいたら、「時間」に関して意識を集中することができます。

選択肢を見るといっても、一度音声が流れ始めたら、その間は選択肢を見ずにリスニングに集中した方がよいでしょう。人間はいくつものことに同等に注意を向けることができません。ある人と話をしながら、その横で別の人が何を話しているのか盗み聞きしようと耳を傾けたら、自分の会話がつながらなくなります。また、授業中に隣の人と話をしたら、教師がそのとき言ったことは聞き逃してしまいます。同じように、流れてくる英語の音声に集中しながら、音声とは違う英語を読み取るというのはなかなかできるものではありません。ですから、音声が流れている間はその音声だけに注意を向け、パッセージの聞き取りが終わって、質問が流れたら今度は詳しく選択肢を読み、正しいと思うものを解答するようにしてください。

リスニングに関して、最後にもう1つ。リスニングの最中に、聞き逃してしまった部分を思い返したり、内容を推測したりするのはやめましょう。その部分を思い返したり、「今なんて言ったのだろう」と考えたりするのは、どんどん流れてくる音声の聞き取りの妨げとなります。ここでつまずいてしまうと、次の大事な内容をも聞き落としかねません。聞き逃した部分はすぱっと諦め、流れてくる音声に集中するようにしましょう。場合によっては、その部分を聞き逃しても、あとから聞いた部分をヒントに前の部分が推測できたりすることもあります。何しろ音声は1回しか流れませんので、その1回を大切にして注意して聞くことが大切です。

リスニングの対策としては、日頃から1分程度の短めの音声を、「いつ」「どこで」「誰が」「何をしたか」や、「あるトピックに関して、どのようなことが語られているか」について注意して聞く練習をするといいでしょう。ただなんとなく流しっぱなしにするのではなく、まとまった話を、要点を捉えながら聞く訓練をするのです。インターネットのウェブサイトを利用すれば数限りないほどの音声を映像とともに聞くことができます。しかし、聞く内容としては、アカデミックな内容が TOEFL ITP 対策には望ましいでしょう（詳しくは38ページ～39ページを参照）。たとえば、National Geographic (www.nationalgeographic.com/) には、いくつものビデオが掲載されています。その中でも National Geographic Kids には自然科学系のものも多く含まれているので、映像つきで内容が理解できます。時間も短いので、集中して聞くのに適しているでしょう。Kids だからといって決して幼稚な内容ではありません。とても教育的で、TOEFL 対策には非常に役に立つサイトです。

Podcast を利用する方法もあります。たとえば、eslpod.com (http://www.eslpod.com/) にアクセスすると、Welcome to English as a Second Language Podcast というページが開きます。Listen という枠をクリックすると、男女のいろいろな場面やトピックを扱った会話を聞くことができます。そして、その会話内容を英語のネイティブスピーカーの先生が、語句や表現などを確認しながら丁寧に解説してくれます。また、Learning Guide という枠をクリックすると、会話だけではなく、その会話について解説している英語のトランスクリプトもダウンロードすることができます（これにはいくらか費用がかかります。しかし、同じページの RSS のボタンをクリックすれば、語句のリストや会話のスクリプトを無料で見ることができます）。1回の長さは20分程度なので、一度聞いて終わりにするのではなく、何度も繰り返し聞くと効果的です。RSS にアドレスを登録すれば、番組を定期的にダウンロードして聞くことができます。この番組のさらによい点は、最初に遅いスピードで会話が流れ、一連の解説のあと、今度はナチュラルスピードで流れることです。スピードに慣れていないという人にはとてもありがたいプログラムです。eslpod.com には他に、Previous Episodes という番組もあります。これは同じ画面から ESL の iTunes ページに移動すると、関連する Podcast として紹介されています。eslpod.com には英語を聞いて学ぶのにわかりやすい学習材料が豊富にありますので、ぜひ活用してください。

なお、上記の情報は2015年3月現在のものであり、変更されることがありますのでご注意ください。

▶▶▶ 文法対策

文法問題で共通して言えることは、どの文も一般的な日常会話文ではなく、政治・経済・社会・歴史・科学などの学問的な内容で、そういった分野の入門書から抜き出したような文が問題に使われているということです。やや長く、挿入句などが埋め込まれているために主語や述語の見極めも困難になっています。そのような長くて複雑な文であっても、前後関係を正確に捉え、何が文の中で欠けているか、意味を成す文にするには何を補充したらよいか考えるのが Structure の問題であり、また同様に前後を見極めて文法的に間違っている部分を探すのが Written Expression の問題です。ともにアカデミックな書物に見られるような文章を正確に読み、また書くことができるかを試すのが目的となっています。

文法が苦手な人、文の主語や述語、修飾語句など、全体の構造がつかめないという人は、簡単な文法書を一度通して読むことをおすすめします。参考として文法書を1冊、手元に置いておきたいというのであれば、『徹底例解ロイヤル英文法』『表現のための実践ロイヤル英文法』（ともに旺文社）などが好評です。

文法対策としては、TOEFL ITP の文法問題はパターンが限られていますので、まずは問題集をたくさん解いて、問題のパターンに慣れることです。数をこなしているうちに文法問題で注意するポイントなども見えてきます。その典型と思われるものが、数や人称の「一致」です。この一致に関しては、まず主語がどれか見極めることが重要です。その上で、述語にあたる動詞が主語の数と一致しているか（特に、動詞の3人称単数現在には -s が必要だということ）、また主語を受ける代名詞の数が一致しているかどうか（単数か複数か）などを確認します。主語と述語の関係を常に意識しながらたくさんの問題を解くことで、だんだんと英文の構造に慣れてきて、解答も容易にできるようになります。

▶▶▶ リーディング対策

リーディングに関しては、時間がなくなって、最後まで解答できなかったという声をよく聞きます。それぞれのパッセージに関してどれだけ背景知識があるかにもよりますが、リーディング問題の所要時間は全体で55分なので、パッセージ1つにかける時間は平均して10分程度とし、残り5分を全体の見直しにあてるようにするとよいでしょう。

リーディング対策としては、日頃から200～350語程度の英文を10分程度で読んで理解する練習を重ね、英文に「読み慣れる」ことです。長文が苦手な人も「読み慣れる」ことで、TOEFL で要求されている速読力がついてきます。TOEFL のリーディングでは、英文を日本語の発想で返り読みしながら読むような時間はありません。文頭から英文の順序のまま意味を取れるようにする必要があります。また1文ずつ意味が取れても、全体として何が述べられているのかがつかめなければ高得点につながりません。したがって、長文を読む際は、

1）文頭から意味を理解する練習を繰り返す
2）全体の主旨や著者の主張は何かなど、パッセージ全体の構成も考えた上で読む練習をする

ということが必要となります。

リーディングに関しては、幅広い知識がある方が有利です。背景知識があると、文法やその内容を表す語彙を知らなくても意味がつかめるものです。一方、苦手な分野は、内容を理解するのに時間がかかります。したがって、幅広い知識を身につけて試験に臨めば効率よく問題を解くことができます。社会、経済、歴史、地理、生物、地学、気象など幅広い分野にわたって英文で書かれた参考書や記事を、数多く読むようにしてください。

さらに、読解で必要な力は語彙力です。語彙力があれば、語彙をつなげて英文の内容をつかみとることができます。したがって、まずはどの分野にも共通した基本語彙を十分勉強する必要がありますが、加えて分野特有の語彙も勉強しておくことが望ましいと思われます。特に苦手な分野に関しては、その分野の知識を吸収することとあわせて語彙の勉強をすることをおすすめします。たとえば、先に紹介した National Geographic にも TOEFL のリーディングに非常に近い読み物が載っています。問題集などをたくさん読んで解答するというのも1つの勉強方法ですが、インターネットなどのメディアが発達した昨今では、TOEFL 対策に役立つサイトがたくさんありますので、ぜひとも活用したいものです。またリスニングはリスニング、リーディングはリーディングと別の教材や題材を使って勉強するのではなく、映像で確認しながらリスニングを行い、英語の音に慣れ、その内容について今度は関連記事を英語で読む、そしてその中に出てきた単語や熟語を徹底的に勉強する、という方法をとった方が効率がよく、本当の実力がつくと思います。それをさまざまな学問分野にわたって行うと、知識も語彙もリスニング力も関連づけながら同時に習得することが可能となります。

リーディングに関しては質問と選択肢の両方が問題用紙に印刷されていますので、パッセージを読み始める前に、それらにざっと目を通し、読みのポイントを絞ることが可能です。以下に、出題される問題の形式例を挙げておきましょう。

1 主題 (topic) を問う問題
What does this passage mainly discuss?

2 表題 (title) を問う問題
What would be the best title for this passage?

3 主旨 (main idea) を問う問題
Which of the following best describes the main idea of the passage?

4 著者の主張や考え、結論として述べていることを問う問題
It can be inferred from the passage that the author is ...

5 推測・類推・推論できることは何かを問う問題
It can be inferred from the passage that ...

6 パッセージに続くと思われる内容を問う問題
Which is most likely to be the topic of the paragraph following this passage?

7 パッセージの前で述べられたと思われる内容を問う問題
The preceding paragraph most likely discusses ...

8 内容の事実確認、あるいは述べられていない内容を問う問題
Which of the following statement is true about ...?
Which of the following is NOT mentioned as ...?

9 語彙の問題
The word ... in line XX is closest in meaning to ...

10 代名詞が何を指すかを問う問題
What does “it” in line XX refer to?

学習スケジュール表

以下は、模擬試験第2回を受ける前に、学習しておくべき内容の確認をするスケジュール表です。何日までに、どの Section の何をすべきか（復習内容・学習内容）を記し、それが終わったら一つ一つチェックしていきましょう。書いてある例を参考にしてください。

Date	Section	復習内容・学習方法	チェック
4/7	リスニング	スクリプトを読みながらCDを聞く。	✓
	リーディング	わからなかった表現を調べる。	✓
/			
/			
/			
/			
/			
/			
/			

模擬試験第1回の復習を徹底的にし、自分の弱点を何度も振り返ってください。同じ内容の学習を何度繰り返しても構いません。語彙や表現は覚えるまで、リスニングは聞き取れるまで、さらにリーディングは文頭から意味をつかめるまで繰り返し勉強してください。

Date	Section	復習内容・学習方法	チェック
/			
/			
/			
/			
/			
/			
/			
/			

模試第1回
の復習ができたら、
次のステップに
挑戦！

模擬試験第2回を受ける前に

試験対策は順調に進みましたか。第2回の前に、自分ができたこととできなかったことを確認しておきましょう。

■試験対策を振り返る

自分が行った試験対策の評価

チェック項目の確認

模擬試験第2回を受ける前に

テストを受けるにあたっての事前アドバイス

■試験対策を振り返る

さて、この後は模擬試験第2回に挑戦することになりますが、その前に確認しておきたいことがあります。第1回を徹底的に見直すことと、前の章にある各 Section の対策（14ページ～19ページの「次回につなげるテスト対策」）に従って、弱点を克服するための勉強をすることが、試験の前に必要です。リスニングの CD は文章を暗記してしまうくらい何度も繰り返し聞き直しましたか。文法は、文を見ただけで問題のパターンと構造がはっきりつかめるまで見直しましたか。リーディングは知識の吸収や語彙の習得も心がけながら、何度も読み直しましたか。問題の形式はつかみましたか。

相当な時間をかけて受験したものをそのまま放置し、英語力をつけるための題材として活用しないのはとてももったいない話です。必要な勉強をしないまま模擬試験第2回を受けても、結果は同じことになりますので、十分に復習を行ってから第2回を受けてください。繰り返しますが、勉強をする上で大切なことは、自分の学習をときどき振り返り（モニターし）、学習方法を評価しながら進めることです。だらだらと勉強しても、高い効果は期待できません。目標に到達するために効率的で、かつ真の実力がつくような勉強が行われているか、自分の学習を振り返って評価してください。

▶▶▶ 自分が行った試験対策の評価

それでは、以下に自分が行った試験対策とその評価（振り返ってみて効果的だったと思えるかどうか）を、各項目に対して記してみてください。これらの方法は、高得点を目指して今後も活用していくみなさんの「学習ストラテジー」となります。

リスニングの試験対策	・ ・ ・
文法の試験対策	・ ・ ・
リーディングの試験対策	・ ・ ・

▶▶▶ チェック項目の確認

模擬試験第2回を受験するにあたって、第1回を受験して明らかになった問題点に関しては、そのすべてではなくてもいくつかは克服しましたか。各自で挙げた「改善が必要だと思われる問題点」に関してはいかがですか。下の表は、TOEFL で高得点を取るために、それぞれの Section で必要な重要項目です。それぞれ該当する印をつけてください。

◎＝できる、できると思う
○＝十分勉強はした
△＝もう少し時間と勉強が必要
●＝今後力を入れて勉強する

TOEFL テストにおける重要項目	◎○△●
1 リスニングは「聞き慣れた」	
2 リスニングの Part A に必要な熟語・慣用表現の知識をつけた	
3 リスニングのスピードについていける（特にPart B & C）	
4 リスニングの内容を覚えていられる（特にPart B & C）	
5 リスニングでは音声と意味をイメージで結びつけることができる	
6 文法では主語・述語の関係をすんなり把握できる	
7 文法やリーディングで文の修飾関係をつかむことができる	
8 リーディングは返り読みをせず、文頭から意味が理解できる	
9 リーディングは「読み慣れた」	
10 リーディングは速読ができるようになった	
11 リーディングは苦手な分野の長文にも対応できる	
12 リーディングの中の未知の語が少なくなった	
13 リーディングは日本語に訳さなくても意味が理解できる	
14 リーディングに必要な背景知識を十分につけた	
15 リーディングに必要な語彙力をつけた	
第1回で挙げた「改善が必要だと思われる問題点」についてはどうか	

◎○△●はそれぞれいくつありましたか。もし、◎○よりも△●の方が多い場合は、模擬試験第2回に挑戦するのはもう少し待って、「次回につなげるテスト対策」に挙げた試験対策を継続して勉強することをおすすめします。◎○が10項目ぐらい（約70%）だった人は、第2回に挑戦する準備ができたと思います。試験を受けるにあたっての基本事項を6ページ〜7ページで再度確認して、さっそく始めてください。試験時間を守り、本番の試験のつもりで受験してください。

確認と
準備ができたら、
模試第2回
に挑戦！

模擬試験第2回を終了したら

テストを受けたら、その結果を分析して、有効活用します。改善点をまとめて、本番での得点アップにつなげましょう。

■テスト結果の分析

■具体的計画

模擬試験第2回を終了したら

結果分析・改善点・具体的計画について

■テスト結果の分析

第2回はいかがでしたか。以下にその結果を記してください。

Section	正解数／問題数	所要時間内に解答した問題数
Listening Comprehension	／50問	問／約35分
Structure and Written Expression	／40問	問／25分
Reading Comprehension	／50問	問／55分

第2回は第1回よりも多くの問題に正解することができましたか。決められた時間内に全問解答することはできましたか。以下の問題点をもう1度見直して、今後も改善すべきだと思える点があったら○をつけてください。

また、各自で改めて問題であると感じたことがある場合は、次のページの表に書き記しておきましょう。それらの問題点は、これから高得点を目指して勉強していく中で、特に力を入れなければなりません。

Section	問題点	チェック欄
リスニング	問題をすべて12秒以内に終了することができなかった	
	Part A は熟語・慣用表現の意味の解釈につまずいた	
	スピードについていけなかった（特に Part B & C）	
	内容を覚えていられなかった（特に Part B & C ）	
文法	問題をすべて所要時間内に終了することができなかった	
	主語・述語の関係が把握できなかった	
	文の修飾関係をつかめなかった	
リーディング	問題をすべて所要時間内に終了することができなかった	
	文の修飾関係をつかめなかった	
	文章の構造や論理の展開を把握できなかった	
	苦手な分野が出題された（その分野は：　　　　　　　）	
	未知の語がたくさん出てきた	
	日本語に訳してからでないと理解できなかった	

改めて改善が必要だと思われる問題点	
Listening Comprehension	
Part A	
Part B	
Part C	
Structure and Written Expression	
Structure	
Written Expression	
Reading Comprehension	
全体を通して	

■具体的計画

問題点や弱点は以前より少なくなっていましたか。第1回を受ける前に立てた計画は順調に進みましたか。5ページの「具体的計画」に記した到達目標は、計画した年月日に終わらせることができましたか。「目標達成のための手段・方法など」に関して、勉強を進めていく間に、他によい方法や必要なことは見つかりましたか。

新たに計画を加えるか、変更する場合は以下に記しておきましょう。そして今回加筆修正した計画は今後変更することなく、目標が達成されるまで続けてください。それでは以下に、改めて計画を記入しておきましょう。

具体的計画

年月日	到達目標

さらに、以下に今後の学習において必要な目標達成のため手段や方法を記しておきましょう。

目標達成のための手段・方法など

英語力向上のための3原則

TOEFL テストで高得点を取るためには、勉強法に工夫が必要です。効率がよく、効果の上がる勉強法を身につけましょう。

① 「4技能統合型学習法」を取り入れる
② 大量に読む・大量に聞く
③ イメージの活用

■ TOEFL 対策に役立つインターネットのサイト
■ 具体的な学習方法

英語力向上のための3原則

3Is: Integration, Input, Imaging

TOEFL で目標の得点を取るために、どのような部分に力を入れてどのように勉強したらよいかを具体的に考えておかないと、目標を達成することは非常に困難になるでしょう。

ここでは参考として、英語の勉強法の具体例を以下に挙げます。ここで紹介する方法は、外国語習得に成功した人が行った学習法や、いろいろな研究で効果があるとされている学習法を基本にしています。自分の英語力や学習スタイルに合わせて、いくつかの学習法を組み合わせたり、またこれまでに実践してきた学習法を組み入れたりして、自分に合った効果的な学習法を見つけてください。

1 「4技能統合型学習法」を取り入れる
Integrating 4 skills in language learning

TOEFL で高得点を取るには、TOEFL に出題される内容と質問の形式を把握し、勉強することです。「TOEFL の問題をたくさん解く」というのは、よく挙げられる勉強方法ですが、テストの内容と質問の形式に慣れることができるので非常に有効です。しかし、出題内容や形式がわかっても、それだけでは高得点を取ることはできません。語彙力や文法力も含めて、TOEFL で試されるさまざまなスキルをまんべんなく習得することが大切です。その際、どのような学習材料を用いて (What)、どのように勉強するか (How) といったことも、結果として得点に反映してきます。

TOEFL はもともと大学に留学して授業についていくだけの英語力があるかどうかを試すものなので、英語の新聞、雑誌、テレビのニュースなどで時事英語の勉強をするのは、TOEFL で高得点を取ることには直接結びつきません。また、英語のネイティブスピーカーと英語で話すのは、コミュニケーション能力をつける上では効果のある学習法ですが、日常的な会話をときどき交わす程度では、TOEFL での高得点は期待できません。同じように、映画を見る、洋楽を聞く、ラジオなどを利用して英語を BGM のように常に流しておくといった勉強法も、TOEFL には直接役に立ちません。

TOEFL では、社会科学から自然科学に至るまで幅広く、学問的な題材から問題が出題されます。したがって、それらを読んで、あるいは聞いて、理解できなければなりません。また、特に留学を目指す人の場合、留学先では学問的な内容に関して討論し、自分の考えをレポートにまとめる力が要求されますので、TOEFL の勉強をする際は、留学後にも役に立つような勉強をするのが望ましいでしょう。

そのような勉強をするために重要なのが、これはリスニング用、これはリーディング用と分割するのではなく、リスニング・リーディング・スピーキング・ライティングという4つのスキルを統合した学習をするということです。私はこれを「4技能統合型学習法」と呼んでいます。それはたとえば音声で聞いた内容と同じ内容のものを読む、あるいは読んだ内容が説明されているものを今度は聞く、そしてそれについて語ったり、内容をまとめたりして、1つの学習に4つの技能を統合させる、といった学習方法です。読み物の中に出てきた語彙は音声を通して発音を確認できますし、また読んだ内容は音声とともに映像で見ることによって、より正確に意味が把握できます。1つの経路ではなく、多重経路で学習するので、記憶の定着に効果が期待できます。昨今はインターネットの普及のおかげで、コンピューターを利用してさまざまな学習材料を見つけることができるので、さまざまな形で4つの技能を統合した学習をすることが可能です。

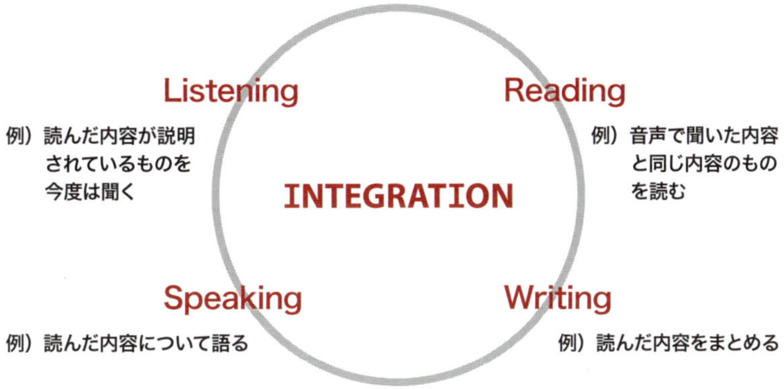

2 大量に読む・大量に聞く
Input through reading and listening

英語を習得するには、たくさんの英語を読んだり聞いたりして大量の英語に触れることが大切です。読む量を増やすことで「読み慣れる」だけではなく、読解力の向上、速読速解力の向上につながります。また、たくさん聞くことは、「聞き慣れる」だけではなく、リスニング力の向上につながります。さらに、「大量に読む」「大量に聞く」ことで、英語に対する感覚がだんだんと研ぎすまされてくるので、間違った文章を読むと、「この文は変だ」と判断ができるようになります。この感覚は TOEFL の Section 2 の文法問題においてもたいへん役に立ちます。これはスピーキングやライティングにも関連していて、たくさんの質のよい英語を聞けばスピーキング力の向上につながり、たくさんの質のよい英語を読めばライティング力の向上に貢献することになります。

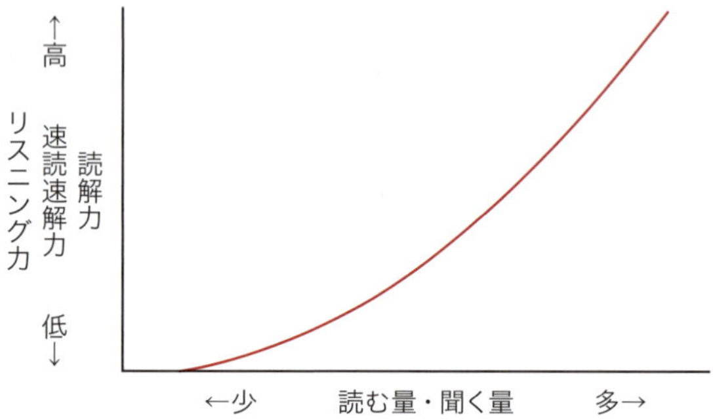

大量に読んだり、聞いたりするときには、興味のある分野から入ることをおすすめします。それは1つには、興味のあることはよく知っているので「理解しやすい」という理由があります。読んでもわからないものは苦になりますので、苦を伴う学習では継続して勉強することが困難です。一方、興味のある分野であれば、「楽しい」「もっと知りたい」という感覚を持てるので、勉強に対するモチベーションを維持することが可能です。

かといって、興味のある分野だけしか読んだり聞いたりしないというのでは、不十分です。TOEFL にはみなさんの興味のない分野からも出題されるからです。そこで、興味がなくあまりよく知らない分野に関する知識を深め、知識の幅を広げるには、まずやさしく書かれた初歩的なものを読むことから始めます。次に同じ内容のものを、同じくやさしく書かれた英語でいくつか読みます。その分野に関する初歩的な知識がついたら、今度は文中に出てきた語彙や内容を調べて、分野に関する知識を広げます。さらに、今度は同じ内容でももう少し難易度の高い読み物に挑戦します。インターネットなどでそれに関連するおもしろい記事が見つかったら、それらも読むようにします。そうすると知識の拡張にも役立ち、苦手な分野も少しずつ克服していくことができると思います。

Step 1　興味のある分野の文章を読む

↓（学習に対するモチベーションを養う）

Step 2　興味のあまりない分野の文章を読む（初心者向け）

↓（モチベーションが下がらないように徐々に難易度アップ）

Step 3　難易度の高い文章に挑戦していく

3 イメージの活用
Imaging

3つ目に挙げるのは、イメージの活用です。英語を読んだり、音声で聞いたりするとき、いちいち日本語に訳さないと理解できないというのでは、TOEFL で高得点は期待できません。英文から意味を直接理解できることが重要です。

「音」と「意味」の間に日本語を介入させないで、「音」を聞いたらすぐに「意味」をつかめるようにするには、具体的な内容をイメージできるような題材を探して、頭の中で状況を思い浮かべたり、流れを追っていったりしながら、繰り返し聞くことです。インターネットのサイトにある動物の生態に関する映像つきの説明や、写真やイラストが多く使われているものは、内容が具体的なのでイメージに残りやすく、学習材料として優れています。映像を見ながら何回か音声を聞いて耳を慣らし、細かい部分まで聞き取れるようになったら、今度は映像を見ないで音声にだけ集中して聞く練習をします。イメージが頭の中に残っているので、音声の流れに従って、イメージを頭の中に描きながら内容を聞くことができます。このような練習を繰り返すと、頭の中が、日本語で考えることを介さずに、イメージを浮かべるように訓練されていき、音声と意味が直結して、速く意味をつかめるようになります。

読解に関しても同じようなことが言えます。状況をイメージしやすい読み物やイラストつきのストーリーを読むことは、日本語を介さず、英語を意味に直結させる練習に適しています。

イメージ化

例）Alligators have wide “U”-shaped, rounded snouts. Crocodiles, on the other hand, have longer and more pointed “V”-shaped noses.

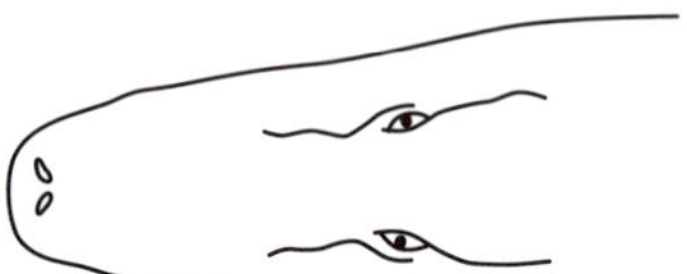

alligator
(wide U-shaped, rounded snout)

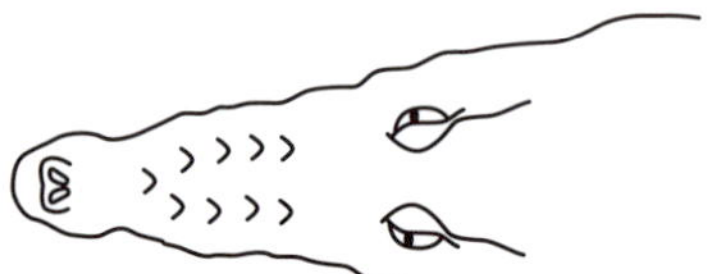

crocodile
(longer and more pointed
V-shaped nose)

イメージ化で重要なことは、頭の中でイメージしたものは内容を忘れにくいということです。文字で理解したものが映像でも記憶されていると、その内容が脳の長期記憶の方へ転送され、知識として定着します。文字と映像の両方で記憶することが長期記憶につながることは、さまざまな研究で報告されています。

TOEFL 対策に役立つインターネットのサイト

それではここで、TOEFL の対策に適したインターネットのサイトをいくつかご紹介しましょう。どのようなサイトか簡単な解説をつけておきましたので、ぜひ活用してください。

自然科学系の分野：医学、生物、地学、宇宙、環境、物理、地球科学など

◉Science Channel http://sciencechannel. com/

さまざまな映像や記事が見られるサイトで、生物の観察のビデオなどが、音声と簡単な解説つきで載っています。同サイトの INSCIDER ではブログを読むこともでき、写真や動画つきの記事があります。1つ1つの記事は短いので読むのが苦にならず、TOEFL のリーディング対策に適した学習材料です。

◉HowStuffWorks http://www.howstuffworks.com/

さまざまなものの仕組みを解説したサイトです。たとえば Science のページには How Nicotine Works という記事が載っており、ニコチンが脳に与える影響が述べられています。また How do galaxies form? では銀河系がどのように形成されるかについて説明されており、関連記事も紹介されています。

◉Discovery Videos http://discovery.com/videos/

Discovery Channel にはビデオがたくさん掲載されていて、ありとあらゆる分野の情報を入手できます。ぜひアカデミックな内容の番組を選んで、学習に利用してみてください。

Planet Earth http://discovery.com/tv-shows/planet-earth/
Discovery KIDS http://discoverykids.com/

社会科学系の分野：政治、経済、社会、法学など

◉Digital History http://www.digitalhistory.uh.edu/

アメリカの歴史をさまざまな観点から学ぶことができます。リーディング対策に適したサイトです。

◉USA.gov Government Made Easy http://www.usa.gov/

アメリカ政府の公式サイトです。History, Genealogy, and Culture や Business and Nonprofits や Environment, Energy, and Agriculture など、アメリカに関するさまざまな情報を得ることができます。また多くの関連記事があるので、知りたい内容、調べたい内容のリンクをクリックすると、さらに詳しい情報や実際の公文書の内容を見ることができます。

◉The White House http://www.whitehouse.gov/

このサイトの ISSUES には、アメリカの政治的な課題がたくさん掲載されており、記事とともにビデオも見ることができます。アメリカの政策課題、政治政策や社会問題など多くのことを知ることができ、たいへん意義のあるサイトです。

◉Lonely Planet http://www.lonelyplanet.com/usa

Lonely Planet USA は旅行のサイトですが、さまざまな観点からアメリカについて知ることができます。たとえば、Places をクリックすると、いろいろな都市のリストが出ていて、その都市の歴史や観光スポットなどが紹介されています。TOEFL の勉強に役立ちますし、もし旅行に行くことがあれば、計画を立てるのにも参考にできるサイトです。

また、『アメリカを知る事典』（平凡社）は、アメリカの政治・経済・社会・文化に関して知ることができるアメリカ総合入門書で、日本語で書かれていますが、知識を得るのにたいへん役に立ちます。

なお、上記の情報は2015年３月現在のものであり、変更される場合がありますのでご注意ください。

それでは、最後にいくつか具体的な学習方法をリスニング、文法、リーディングに関して紹介していきましょう。

具体的な学習方法

▶▶▶ リスニングの学習法

TOEFL のリスニングは、北米で話されている英語が聞き取れるかどうかを測るものです。したがって、「イギリス英語」などではなく「アメリカ英語」が聞き取れるようにならなければなりません。また、方言やなまりのある英語ではなく、「標準北米英語」が聞き取れればいいわけです。一般的に英語の教材や教育的なインターネットのサイト、ニュースキャスターの英語は標準的なアメリカ英語が多いようですので、身の回りにはリスニング力をつけるための学習材料はたくさんあります。

●リスニング力向上のための３原則（3Rs: Repeating, Retelling, Review）

ここで紹介するリスニング力向上のための 3Rs とは Repeating, Retelling, Review です。これはどちらかというとスピーキングのための練習方法ではないかと思われた方がいらっしゃるかもしれませんが、実は、口に出して正しく発音する練習をすると、リスニングの力もつくのです。間違った発音で覚えているものは、リスニングで聞き取れません。聞いたものをまねて正確に発音し、英語の音に慣れることで、リスニング力の向上を図れます。

1 Repeating：1 文ごとに後について繰り返す練習

意味を調べ、内容が十分にわかったら、「よく聞き、徹底的にまねる」練習をします。そのまますべて暗記してしまうくらい繰り返し聞きます。その後、繰り返した内容を、少しずつでよいので本を見ないで言ってみます (Repeat and look up)。

2 Retelling：内容の再生

Retelling では、覚えた内容を文字を見ないで最初から再現する練習をします。

3 Review：復習

Review では、勉強したことを時間をおいてまた何度か繰り返し聞きます。音は聞き慣れてきていますから、Review の段階では、最初は聞き取れなかった内容がすんなり耳に入ってくるはずです。

Dictation

学習の初期段階では「深く聞く」ことが大切です。その1つの方法として、ディクテーションは効果があると言われています。ディクテーションの方法としては、一語一句逃さず聞いて、あとでその内容をスクリプトで確認します。ディクテーションははっきりと聞こえた音だけを書き取るものだと思っている人もいるようですが、そうではなく、あまりはっきり発音されなかった言葉、聞き取れなかった言葉でも、文法的に考えてその部分を補いながら聞くことが、ディクテーションの大事なポイントです。そうすることで文法に注意を払うようになり、文法を意識しながら聞けるようになると同時に文法力の向上にもつながります。「深く聞く」ことに慣れてきたら、今度は話の筋を理解するとか、話の内容に集中するような「広く聞く」聞き方をすることも重要です。

ディクテーションをしたら、スクリプトを確認し、赤色の鉛筆で間違った部分や聞き取れなかった部分を記してください。冠詞や代名詞などは聞き落としていないか、rやlなども正しく聞き取れているか、また文法的に正しく聞き取れているかも確認します。そうすることで、自分の弱点が見えてきます。

ディクテーションに使う題材は、TOEFL の Section A, B, C でいいでしょう。まず問題を解いて、それからディクテーションをしてみます。本書にもスクリプトがついているので、正確にディクテーションできたかチェックすることが可能です。ディクテーションができたか確認する際に意味や文法も同時に確認しましょう。ディクテーションしながら意味や文法を確認しているので、それだけ記憶によく残ります。

▶▶▶ 文法の学習法

文法はいかに情報を正確に伝えるか、つまり正確に英語を話したり書いたりするときに必要なスキルです。決して文法知識やその学習を軽視してはいけません。ETS の資料によると、Structure and Written Expression は、会話ではなく formal な standard written English で、アカデミックな文章が問題に使われています。トピックはアメリカ・カナダ関連のもの（United States or Canadian history, culture, art, or literature）が中心です。

文法というと難しく考えてしまう人が多いのですが、文法の基礎を固めるのなら、中学校から高校1年程度の文法書で十分です。文法があやふやな人は、そういった文法書を購入して、本の最初から一度通して読んで文法のおさらいをすることをおすすめします。勉強し終わると、頭がすっきり晴れるように文法がよくわかるようになります。その上でさらに文法知識をつける場合は、上級レベルの文法書を1冊手元に置いておきます。しかしこれは読んで勉強するのではなく、わからない部分が出てきたときに参考書として使います。

TOEFL に出題される文法問題は、範囲がとても限られています。たくさんの問題集を解いて、重要項目を各自ノートに整理することをおすすめします。

▶▶▶ リーディングの学習法

リーディングの力をつけるには、速読によって大意をパッとつかむ訓練と、一語一句を正確に読む訓練の両方をすることが必要です。文脈から意味を推測し、大意をつかみながら読むというのは、テストの際に役立つ重要なストラテジーですが、いつも「なんとなくわかったつもり」のような読み方をしていたのでは、TOEFL のリーディング問題で高得点を取ることはできません。しっかり内容を理解する精読（intensive reading）も重要です。本書のリーディング問題には翻訳がついています。問題を解いたら、一語一句を振り返って、内容を翻訳と照らし合わせながら細かいところまで確認してください。翻訳はただ付属的に載せているのでなく、学習者のみなさんの勉強の助けとなるように載せているので、ぜひ有効利用してください。

▶▶▶ 音読について

音読をリーディングで活用する人が多いと思いますが、みなさんはいつ音読をしていますか。音読には音声だけではなく、語彙や文法などを内在化させる（internalize）役割があり、音読を十分に行うことでリーディング力やリスニング力を身につけることができるということを実証した研究がいくつも存在します。しかし、いつ音読を行うかが重要なポイントです。

音読する際に重要なことは、十分に意味を理解した後で行うということです。リーディングの内容を理解しようとするときには、音読をすると意味ではなく発音に注意が向いてしまうので、むしろ「黙読」の方が効果的です。意味や発音を理解した上で何度も繰り返し音読すると、音読されたものが内在化され、アウトプットの際の資源となります。つまり、自然に音が頭の中に入っていき、間違えた英文を見ると何かおかしいと感じる感覚を養うことができます。内在化を目的として音読を行う際は、1回だけではなく、「結果として暗記するほど繰り返す」、つまり、暗記しなくてもよいが、暗記してしまってもおかしくないほど繰り返すことが重要です。

▶▶▶ 語彙力増強法：効率的な覚え方

語彙力をつける際の重要なポイントは、できる限り語彙を文の中で、その一部として覚えることです。文から切り離して覚えると、正確な意味もわかりませんし、どのような場面で、どのような語や表現と一緒に使われるのかといった、実際に使う上で必要な情報も得られません。そういった情報もあわせて覚えないで、単語の日本語訳だけを覚えても実際には役に立ちません。

語彙を覚える際は、発音を正確に覚えることが重要です。最近の電子辞書は音声つきで実際の発音を示してくれるので、何度も聞いて繰り返し口に出して覚えるとよいでしょう。可能であれば、視覚（イラスト、図など）や身体感覚（書いて覚える、体で表現してみる（act out））など、多重経路を使って学習すると記憶を高めることができます。

さあ、いよいよ
TOEFL ITP テスト
本番ですね。
Good luck!

MEMO

ボキャブラリー対策をしたいなら

❷ TOEFL® テスト 英単語3800 4訂版 CD 3枚付

TOEFL iBT&ITPテスト対応

神部 孝 著　定価：本体 2,300円+税

❸ TOEFL® テスト 英熟語700 4訂版 CD 2枚付

TOEFL iBT&ITPテスト対応

神部 孝 著　定価：本体 1,800円+税

セクションごとに試験対策したいなら

❹ TOEFL® テスト リーディング問題270 4訂版

田中真紀子 著　定価：本体 2,100円+税

❺ TOEFL® テスト リスニング問題190 4訂版 CD 3枚付

喜田慶文 著　定価：本体 2,400円+税

❻ TOEFL® テスト スピーキング問題110 改訂版 CD 2枚付

島崎美登里, Paul Wadden, Robert Hilke 著　定価：本体 2,200円+税

❼ TOEFL® テスト ライティング問題100 改訂版 CD 1枚付

Paul Wadden, Robert Hilke, 早川幸治 著　定価：本体 2,100円+税